理財規劃人員 專業能力測驗

應試資訊

完整考試資訊
立即了解更多

◆ **報名單位**

臺灣金融研訓院。

◆ **報名資格**

凡對理財規劃有興趣者,均歡迎報名參加。(不限資格)

◆ **報名費用**

每位應考人報名費用為新台幣585元整(或愛學習點數58點)。

◆ **報名方式**

一、個人報名:一律採個人網路報名方式辦理(http://www.tabf.org.tw/
Exam/),恕不受理現場報名。

二、團體報名:團體報名方式僅適用於同一機構10人(含)以上集體報名,團體
報名機構先行統一建檔與繳款。

◆ **測驗日期及考區**

一、測驗日期:依金融研訓院公告日期為主。

二、考　　區:分為台北、台中、高雄、花蓮等四個考區。

◆ **測驗科目及方式**

節　次	測驗科目	測驗時間	試題題數	測驗題型及方式
第一節	理財工具	60分鐘	50題	四選一單選題,採答案卡作答
第二節	理財規劃實務	90分鐘		

◎合格標準:以每科成績均達70分為合格。

◆測驗科目內容

一、理財工具	
金融機構的功能與規範	短期投資及信用工具
債券投資	股票投資
共同基金	衍生性金融商品
經濟觀念與經濟指標	保險的運用
信託的運用	組合式商品及結構型商品

二、理財規劃實務	
理財規劃概論	理財規劃的步驟
客戶屬性與理財規劃	家庭財務報表與預算的編製與分析
家庭現金流量管理	理財規劃的計算基礎
購屋規劃	子女教育金規劃
退休規劃	投資規劃
稅務規劃	全方位理財規劃

~以上資訊僅供參考，詳細內容請參閱招考簡章~

 千華數位文化股份有限公司

■新北市中和區中山路三段136巷10弄17號
■TEL: 02-22289070　FAX: 02-22289076

目　次

Part 1　萬丈高樓平地起

Day 01　基礎觀念學習

Day 02　認識債券、基金工具

Day 03　認識股票、衍生性金融、短期投資

Day 04　認識保險與信託、組合式金融商品

編寫特色與高分準備方法

理財規劃專業人員測驗分為兩部分：理財工具、理財規劃實務，為了提升金融從業人員全面性規劃的專業能力，在此書中涵蓋了所有日常會接觸到的金融知識的基礎，所以研讀此書不只是為了應付考試，而是更深入的了解金融、財務、理財與我們的關係。

在學習上，首先就先將理財工具與理財規劃實務分為上下部分，因為要先學會各項金融理財工具的基本架構、計算、特性之後，才能進階學習如何去使用搭配這些工具。

這本書與市場上的工具書不同的地方在於，直接將學習的日程安排好，相信跟著內容安排的10日全心全意地投入，考過理財規劃專業人員測驗不是問題。因為此書透過限定的日程安排，已經事先將難易度不同的金融工具、規劃實務內容做分類，安排在不同的日程中分別學習、好讓學習的進度不會變得沉重和負擔。

書中的題目設計都是參考歷年考題，另額外增加過去常見或較需要計算能力的題目，計算內容著重在快速使你容易了解與計算。因為目前的考試通常可搭配計算機使用，也有許多附表和參考數據，所以可以重複多做計算題來熟悉，不須特別硬記公式，只須看懂題目與有基礎計算能力即可。

理財規劃專業人員測驗很常抽取過去的歷史題目，所以除了做完每個章節的試題加深印象外，最後的歷屆試題、模擬試題一定也要用心做完，做完後反覆參考解答與書中內容的解釋，使記憶達到最強化的程度。

參考資料

1. 林仁和，《一生的理財規劃》（聯經：1999年）。
2. 邱靖博、朱竹元、簡立宗、陳惟龍，《證券市場：理論與實務(三版)》（證期會：2011年）。
3. Lawrence Monti著，經史子集編輯部譯《艾略特波浪理論：宇宙定律SOP：市場獲利的關鍵》（經史子集：2016年）。
4. 台灣金融研訓院編輯委員會，《理財實務》（財團法人台灣金融研訓院：2019年）。
5. 可樂，《理財規劃人員專業能力測驗一次過關》（千華：2020年）。
6. 金管會金融智慧網：https://moneywise.fsc.gov.tw/。
7. 愛舉手題目測驗：https://www.i-qahand.com/topic/00038?t=old。
8. 金研院歷屆試題：https://www.tabf.org.tw/LicenseHistoryExam.aspx。

Day 01 基礎觀念學習

重點 1 金融機構的功能與規範 ★

認識金融機構的種類

依據金融機構合併法第4條之規定,金融機構乃指銀行業、證券及期貨業、保險業所包括之機構,及其他經主管機關核定之機構。

(一)銀行業(銀行法第20條)

觀念理解

放款又稱為貸款,也是銀行主要創造獲利、提供信用創造功能的主要業務。

1. **商業銀行**:為銀行業比例最高的類別,是一個以營利為目的,以多種金融商品為主要經營項目、具有信用創造功能,集中於「**存款**」、「**放款**」兩項業務中,是國家內最重要的金融機構之一。
   商業銀行業務範圍(銀行法第71條):

商業銀行業務範圍	重要內容摘要
收受支票存款	存款者隨時**簽發支票**的方式提領,**不計息**。
收受活期存款	存款者**依據存簿、約定方式**提領,依照活期儲金利率計息。
收受定期存款	1.存款者**依據存簿、約定方式**提領,依照定期儲金利率計息,可依存單辦理質借。 2.**需在約定的時間才能提領,若是提早解除需承擔利息折損的結果,且要在解約日的7天前通知金融機構。**
發行金融債券	種類包含一般、次順位、轉換、交換金融債券及其他經主管機關核准之金融債券。

商業銀行業務範圍	重要內容摘要
辦理短期、中期及長期放款	(1) 期限 　　A. 短期：1年內。 　　B. 中期：1～7年內。 　　C. 長期：7年以上。 (2) 而依據銀行法第12條規定，有擔保品可分為： 　　A. 不動產或動產抵押權。 　　B. 動產或權利質權。 　　C. 借款人營業交易所發生之應收票據。 　　D. 各級政府公庫主管機關、銀行或經政府核准設立之信用保證機構。 商業銀行辦理中、長期放款之總餘額，不得超過其所收定期存款總餘額。
辦理票據貼現	符合票據法規定之匯票及本票，銀行將以折扣方式，預收利息而購入未到期票據。
投資公債、短期票券、公司債券、金融債券及公司股票	短期票券為1年內之票券。
辦理國內外匯兌	(1) 國內匯兌為國內銀行與外國銀行相互劃撥金錢，收取匯費來進行此項業務，而外匯業務需經中央銀行之許可。匯兌業務分為匯付和託收，託收則是委託人委託受託人，向第三人收取貨款之行為。 (2) 匯付種類：電匯（T／T）、信匯（M／T）、票匯（D／D）。 (3) 託收種類： 　　A. 付款交單託收（D／P）：出口商（委託人）將貨物出口後，備妥商業單證委託銀行託收，等進口商（付款人）付款後，才交付商業單證予進口商領貨。 　　B. 承兌交單託收（D／A）：出口商（委託人）委託銀行辦理託收，只要進口商（付款人）對匯票承兌，即可將商業單證交付。

商業銀行業務範圍	重要內容摘要
辦理商業匯票之承兌（A／P）	(1) 符合票據法規定之匯票及本票，銀行受客戶之委託，擔任其所發匯票之付款人，予以承兌付款。 (2) 以進口商為付款人，保證金比開立信用狀高，僅能請求通匯銀行購買。
簽發國內外信用狀（L／C）	(1) 國際結算的一種主要的結算方式，由銀行開立的付款承諾，而信用狀的開具必須由付款人向銀行申請。 (2) 以銀行為付款人，可持票向任何銀行請求讓購。
保證發行公司債券	針對依法登記之公營、民營企業進行發行債券的保證，使其提高籌措中長期資金的可能性。
辦理國內外保證業務	為企業向第三方機構進行書面承諾與保證。
代理收付款項	銀行接受收費單位和付款人的委託，將帳戶內的資金，在約定時間一次或分次劃付給收費單位。
代銷公債、國庫券、公司債券及公司股票	發行者和銀行簽訂協議，由銀行代為向社會銷售債券。
辦理與前十四款業務有關之倉庫、保管及代理服務業務	辦理與前14項業務有關的倉庫、保管與代理服務。
經主管機關核准辦理之其他有關業務	經主管機關核准之內容。

2. **專業銀行**（銀行法第88條）：在經濟發展中，由於社會上的專業分工，推動「**專業在金融領域的發展**」，所以在本國的專業銀行類別中，分為六種專業：

觀念理解

現今的專業銀行：
(1)臺灣土地銀行。
(2)中國輸出入銀行。
(3)全國農業金庫。
(4)臺灣中小企業銀行。

(1) 工業。　　　　(2) 農業。

(3) 輸出入。　　　(4) 中小企業。

(5) 不動產。　　　(6) 地方性信用。

而現今工業、地方性信用銀行，已轉型為商業銀行，只剩下上述其他四種專業銀行。

專業銀行的主要業務為中、長期放款，用於專業產業的發展，其他還可進行的業務範圍如下：

專業銀行業務範圍

1. 收受支票存款及其他存款[1]。

2. 發行金融債券[2]。

3. 辦理放款。

4. 投資有價證券。

5. 辦理國內外匯兌。

6. 辦理國內外保證業務。

7. 簽發國內外信用狀。

8. 代理收付款項。

9. **辦理直接投資生產事業、金融相關事業及創業投資事業[3]。**

10. 承銷有價證券。

11. 辦理政府債券自行買賣業務。

12. 擔任股票及債券發行簽證人。

13. 辦理與前幾項業務有關的倉庫、保管、代理服務。

14. 經主管機關核准辦理之其他有關業務。

註：[1] 不得收受金融機構之轉存款、不得收受個人存款。

　　[2] 依據工業銀行設立及管理辦法第6條，須接受金管會認可之信用評等機構予以信用評等，其發行總額不得超過該銀行上會計年度決算（扣除直接投資事業等帳面）後淨值的6倍。

　　[3] 依據工業銀行設立及管理辦法第8、9條，工業銀行直接投資生產事業、金融相關事業、創業投資事業及投資不動產之總餘額，不得超過該行上一會計年度決算後淨值。對任一生產事業直接投資餘額，不得超過其上一會計年度決算後淨值的5%。

3. **信託投資公司**（銀行法第100條）：以受託人之地位，按照特定目的，收
受、經理及運用信託資金與經營信託財產，或以投資中間人之地位，
從事與資本市場有關特定目的投資之金融機構。

其業務範圍如下：

信託投資公司業務範圍

1. 辦理中、長期放款。
2. 投資公債、短期票券、公司債券、金融債券及公司股票。
3. 保證發行公司債券。
4. 收受、經理及運用各種信託資金。
5. 承銷及自營買賣或代客買賣有價證券。
6. 辦理國內外保證業務。
7. 募集共同信託基金。
8. 擔任債券發行受託人。
9. 受託經管各種財產。
10. 擔任債券或股票發行簽證人。
11. 代理證券發行、登記、過戶、及股息紅利之發放事項。
12. 受託執行遺囑及管理遺產。
13. 擔任公司重整監督人。
14. 提供證券發行、募集之顧問服務，及辦理與前列各款業務有關之代
理服務事項。
15. 經中央主管機關核准辦理之其他有關業務。

(二)證券及期貨業

1. **類別**（證券交易法第15條、證券商設置標準第3條、第7條、第29條）

(1)**證券承銷商**：經主管機關特許，進
行有價證券之承銷及其他經主管機
關核准之相關業務，分為：

　　A. 包銷：若於承銷期間屆滿未能
全數銷售時，應自行認購剩餘
之部份。

考點速攻

營業保證金，應以現金、政
府債券或金融債券提存。

　　B. 代銷：若於承銷期間屆滿未能全數銷售時，剩餘之部份得退還發行人。

　　C. 最低實收資本額與營業保證金之規定：

　　　　a.最低實收資本額新台幣4億元。

　　　　b.營業保證金新台幣4,000萬元。

(2) **證券自營商**：經主管機關特許，進行有價證券之自行買賣及其他經主管機關核准之相關業務。

　　A. 不能直接或間接受他人委託在證交所設立之集中交易市場或櫃檯市場買賣有價證券。

　　B. 若經紀商與自營商，對同一證券同一時間之申報價格相同時，經紀商之買賣優先成交。

　　C. 最低實收資本額與營業保證金之規定：

　　　　a.最低實收資本額新台幣4億元，僅經營自行買賣具證券性質之虛擬通貨業務者為新台幣1億元。

　　　　b.營業保證金新台幣1,000萬元。

(3) **證券經紀商**：經主管機關特許，進行有價證券買賣之行紀、居間、代理及其他經主管機關核准之相關業務。

考點速攻

綜合證券商可兼營三種業務，最低設立資本額需為新台幣10億元。

　　A. 行紀：經紀商受託買賣有價證券之行為。

　　B. 居間：指一方為他方報告訂約的機會或者為訂約的媒介。

　　C. 最低實收資本額與營業保證金之規定：

　　　　a.最低實收資本額新台幣2億元。但經營下列業務者為新台幣5,000萬元：

　　　　　i. 僅經營股權性質群眾募資業務。

　　　　　ii.僅經營基金受益憑證買賣及互易之居間業務。

　　　　b.營業保證金新台幣5,000萬元。但經營下列業務者為新台幣1,000萬元：

觀念理解

營業保證金，應以現金、政府債券或金融債券提存。

i. 僅經營股權性質群眾募資業務。

ii. 僅經營基金受益憑證買賣及互易之居間業務。

2. **證券商其他相關重要規定**（證券商管理規則第16、18、21條）

(1) **第16條規定**：證券商所持有營業用固定資產總額及非營業用不動產總額合計不得超過其資產總額之60%。

考點速攻

> 證券商管理規則第18條：資金運用管理限制，有價證券及其他經主管機關核准項目運用之資金，其原始取得成本總額，不得超過該證券商淨值之30%。

(2) **第18條規定**：除由金融機構兼營者另依有關法令規定辦理外，非屬經營業務所需者，不得貸與他人或移作他項用途。需用於銀行存款、政府／金融債券、國庫券、可轉讓存單、商業票據、符合購買符經金融監督管理委員會規定一定比率之有價證券、其他經主管機關核准之用途。

(3) **第21條規定**：證券商應於**每月10日**以前，向主管機關申報上月份會計科目月計表。同時應於**每半會計年度終了後2個月內**及**每會計年度終了後3個月內**，公告並向金融監督管理委員會申報由董事長、經理人及會計主管簽名或蓋章，並經會計師查核簽證、董事會通過及監察人承認之半年度財務報告及年度財務報告。

3. **除證券商交易其證券、期貨之外，還有投信投顧事業，而其相關重要規定如下：**

(1) **證券投資信託事業**

A. 最低實收資本額為3億元。

B. 可接受全權委託投資業務。

C. 可公開募集證券投資信託基金。

D. 得運用信託基金買賣有價證券，但須以現款現貨交易。

(2) **證券投資顧問事業**

A. 最低實收資本額為2,000萬元。

B. 可接受全權委託投資業務。

C. 接受委託，提供研究分析或建議。

D. 不得買賣其推薦介紹給投資人相同之有價證券。

(3) 全權委託投資業務

  A. 全權委託的投資契約，應與客戶個別簽訂，不得接受共同委任。

  B. 投顧或投信經營全權委託業務時，應每月定期編製客戶資產交易紀錄及現況報告書，送達給客戶。

  C. 全權委託投資業務是指投顧或投信事業接受客戶的委任，對客戶交付的委託投資基金，針對有價證券進行價值分析、投資判斷，並基於該判斷，為客戶執行有價證券投資之業務。

  D. 投顧或投信事業接受客戶全權委託之資金，與該事業及保管機構自有財產，應分別獨立。

(三) 保險業（依保險法組織登記，以經營保險為業之機構）

1. 依據保險法第1條規定，當事人約定，一方交付保險費於他方，他方對於因不可預料，或不可抗力之事故所致之損害，負擔賠償財物之行為，根據前項所訂之契約，稱為「保險契約」。

保險業主管機關為金融監督管理委員會。

2. 依據保險法第13條規定，保險契約可以分為：

 (1) 人身保險：包括人壽保險、健康保險、傷害保險及年金保險。

 (2) 財產保險：包括火災保險、海上保險、陸空保險、責任保險、保證保險及經主管機關核准之其他保險。

3. 有關保險業之相關重要名詞整理如下表：

保險事業重要名詞	名詞解釋
保險人（保險公司）	依保險法組織登記，以經營保險為業之機構。
要保人	對保險標的具有保險利益，向保險人申請訂立保險契約，並負有交付保險費義務之人。
被保險人	於保險事故發生時，遭受損害，享有賠償請求權之人；要保人亦得為被保險人。
受益人	被保險人或要保人約定享有賠償請求權之人，要保人或被保險人均得為受益人。

保險事業重要名詞	名詞解釋
保險業務員	為保險業、保險經紀人公司、保險代理人公司，從事保險招攬之人。
保險經紀人	基於被保險人之利益，代向保險人洽訂保險契約，而向承保之保險業收取佣金之人。
保險代理人	根據代理契約或授權書，向保險人收取費用，並代理經營業務之人。

4.保險業之相關重要規定：

　(1)保險業保證金之繳存應以現金為之，但經主管機關之核准，得以公債或庫券代收之。

　(2)保險業應按其資本或基金實收總額的15%，繳存保證金於國庫。

> **💲 知識補給站**
>
> 保險業資金運用之限制，存款存放於每一金融機構之金額，不得超過該保險業資金10%。但經主管機關核准者，不在此限。

　(3)同一保險業不得兼營財產保險及人身保險業務。但財產保險業經主管機關核准經營傷害保險及健康保險者，不在此限。

　(4)保險業資金運用範圍為購買有價證券、不動產、放款、國外投資、投資保險相關事業、辦理經主管機關核准之專案運用、公共及社會福利事業投資、從事衍生性商品交易、其他經主管機關核准之資金運用。

　(5)投資不動產之總額，除自用不動產外，不得超過其基金30%。

(四) **金融控股公司**（金融機構合併法第13條）

1.因應金融市場的變化，所以有了金融控股公司的成立，在提供金融服務的效率（通路整合）、經營（擴大品牌）與銷售（多元）面都有卓越的增幅，而金融控股公司的門檻，最低資本額為新台幣600億元，但持有保險、銀行、證券商等資產，且資產總額為新台幣7,500億元以上。

2.金融機構的合併，也享有政府的政策優惠，相關補助辦法如下：

　(1)因合併而發生之的印花稅、契稅，一律免徵。

(2)所有不動產、應登記之動產及各項擔保物權之變更登記時，免繳納登記規費。

(3)其移轉之有價證券，免徵證券交易稅。

(4)其移轉貨物或勞務，非營業稅課徵範圍。

(5)原供消滅機構直接使用之土地隨同移轉時，其應繳納之土地增值稅准予記存。消滅機構依銀行法承受之土地，因合併而隨同移轉予存續機構或新設機構時，免徵土地增值稅。

(6)因合併產生之商譽於申報所得稅時，得於15年內攤銷之。

(7)因合併產生之費用於申報所得稅時，得於10年內攤銷。

(8)因合併出售不良債權所受之損失，於申報所得稅時，得於15年內認列損失。

(9)合併前，經該管稽徵機關核定之前5年內各期虧損，自虧損發生年度起5年內，從當年度純益額中扣除。

牛刀小試

(　　) **1** 目前國內可以進行全權委託投資的金融機構為下列何者？ (A)證券公司　(B)保險公司　(C)投信及投顧公司　(D)信託投資公司。

(　　) **2** 下列何者是證券經紀商受委託買賣證券的行為名詞？ (A)居間　(B)包銷　(C)代銷　(D)行紀。

(　　) **3** 何者不屬於商業銀行的業務範圍？ (A)辦理直接投資生產事業及創業投資事業　(B)收受定期存款　(C)短期放款　(D)發行金融債券。

(　　) **4** 保險契約中負有繳費義務者為下列何人？ (A)保險人　(B)被保險人　(C)要保人　(D)受益人。

解答　**1 (C)**　**2 (D)**　**3 (A)**　**4 (C)**

重點 2 經濟觀念與經濟指標 ★★

經濟學看似艱難深奧，但是仍可用一句話來簡單總結，所謂「經濟」，其實就是生活中大大小小決策的總和。

有需求就會有供給，因此而產生的行為：生產、銷售、消費等，這些關乎生活的決策行為，進而衍生金融、投資市場等，最後總和為一套金融理論，變成了經濟學。

在經濟學當中，就是需要不斷地進行「選擇」，每一個選擇之後都會帶來不同的影響，這是因為資源是「稀少」或者「多樣性」的，而好的經濟決策，就是在追求不同選擇之下，「效益最大」的情況。

觀念理解

在面臨眾多選擇的情況下，就會出現「機會成本」。也就是在決策中，被放棄且價值最高的選擇。只有單一選擇時，沒有機會成本。

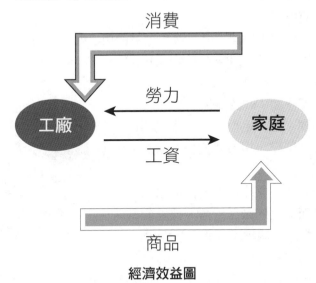

經濟效益圖

一、國民生產毛額（GNP）

國民生產毛額，是一個國家全體人民1年內產生出財務、勞務按市場價值計算的總和。

$$\boxed{\text{GNP}} = \boxed{\text{消費C}} + \boxed{\text{投資I}} + \boxed{\text{政府支出G}} + \boxed{\text{出口X}} - \boxed{\text{進口M}}$$

(一) 與國內生產毛額GDP的關係

1. 指衡量本國境內所有常駐生產機構或單位的生產成果。
2. GDP＝GNP－本國國民或要素在國外的報酬＋外國國民或要素在國內的報酬＝GNP－外國國民或要素所得淨收入。

> **考點速攻**
>
> GDP為國內生產毛額，是國境內所有人民（不分國籍），在一定期間內生產出來的財務、勞務按市場價值計算的總和。

(二) 與國內生產淨額NDP的關係

1. 指國家以當年價格計算的一年內國內新增加的產值。
2. 從GDP之中，扣除掉因產出財務、勞務價值而衍生的廠房折舊、機器設備耗損，得到一個國內生產淨額NDP。

NDP＝GDP－折舊

(三) 與國民生產淨額NNP的關係

1. 指一個國家在一定期間內，生產的最終產品、勞務，用市場價格計算的價值淨額。
2. 從GNP之中，扣除掉因產出財務、勞務價值而衍生的廠房折舊、機器設備耗損，得到一個國民生產淨額NNP。

NNP＝GNP－折舊

> **考點速攻**
>
> (1)NI＝NNP－企業間接稅
> (2)PI＝NI－企業利潤－移轉性支出
> (3)DI＝PI－個人直接稅

而從國民生產毛額的數據中一步步計算，可以求出國民所得（NI）、個人所得（PI）、可支配所得（DI）

二、經濟成長率（國民年成長率）

除了國民所得以外，經濟成長率也是作為觀察經濟市場的重要數據之一，是用來衡量一個國家究竟是成長還是衰退的數據。

$$實際經濟成長率 = \frac{本期實質GNP - 上期實質GNP}{上期實質GNP} \times 100\%$$

知識補給站

準貨幣又稱為近似貨幣,是一種強力貨幣(貨幣基數),而被稱為準貨幣的資產必須很容易地轉換為狹義貨幣,以下為我國認定之準貨幣:

1.企業及個人之定期存款　　　　　2.定期儲蓄存款

3.可轉讓定期存單　　　　　　　　4.外幣存款

5.外匯存款　　　　　　　　　　　6.郵政儲金

7.重購回協定　　　　　　　　　　8.外國人新台幣存款

9.貨幣市場共同基金

三、 貨幣政策

依據中央銀行來發佈政策,透過增加或減少之措施來管理貨幣的數量,進而實現刺激或減緩經濟的發展,而貨幣可分為狹義貨幣M_1和廣義貨幣M_2,又可細分為以下:

$M_{1A} = $ 通貨淨額(社會大眾手中流通的現金)＋支票存款＋活期存款

$M_{1B} = M_{1A} + $ 活期儲蓄存款

$M_2 = M_{1B} + $ 準貨幣

通常M_{1B}可視為衡量股市變化的觀察數據,因為廣泛包含了民眾手中的資金範圍,若M_{1B}年增率上升時,可視為股市利多的好消息。

四、 通貨膨脹

最常觀察市場通貨膨脹程度的指數,是「**消費者物價指數CPI**」,具有穩定性與指標性,以一般民生支出(財務或勞貨)等物價、價值的變動作為觀察指數。當消費者物價指數升幅過大,表示通貨膨脹成為了經濟不穩定的因素,會面臨緊縮貨幣政策和財政政策的風險。

五、 採購經理人指數（PMI）

與消費者物價指數不同，此指數是用來衡量製造業的經濟狀況，通常以50%
作為分水嶺：

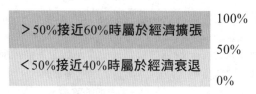

六、 工業生產指數與設備利用率

在經濟的範疇裡，由於製造工業的指數變化屬於明顯可觀察的，通常作為
重要經濟指標參考值。

七、 經濟領先、同時、落後指標

(一)在經濟活動之下，景氣也是有高峰有低谷，這種表現又可稱為一種循
環，是一種周而復始的變化，又可大致區分為**擴張期**與**衰退期**，進而從
擴張期開始可細分：復甦、繁榮、緩滯、衰退、蕭條五種階段，如下
圖，不斷循環。

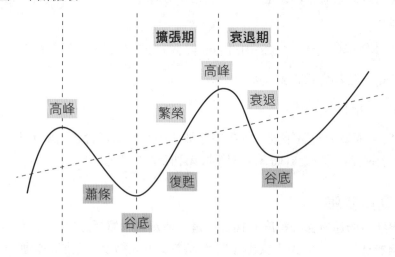

(二)判斷景氣的好壞則可由「領先指標」、「同時指標」與「落後指標」中觀察，整理下圖：

領先指標	同時指標	落後指標
具有領先景氣變動的性質之指標，變化轉折點領先景氣循環。	具有與景氣同步的性質之指標，變化轉折點與景氣循環同步。	具有與景氣落後的性質之指標，變化轉折點與景氣循環落後。
可預測未來景氣之變化。	可衡量目前的景氣狀況。	國內常見落後指標： 1.失業率。 2.工業與服務業受雇人數。 3.製造業單位產出勞動成本指數。 4.金融業隔夜拆款利率。 5.全體貨幣機構放款與投資。 6.製造業存貨率。
國內常見領先指標： 1.外銷訂貨指數。 2.實質貨幣總計數（貨幣供給）。 3.股價指數。 4.工業及服務業受雇員工淨進入率。 5.核發建照面積。 6.實質半導體設備進口值。 7.製造業營業氣候測驗點。	國內常見同時指標： 1.製造業銷售量指數。 2.電力（企業）總用電量。 3.工業生產指數。 4.批發、零售及餐飲業營業額。 5.非農業部門就業人數。 6.實質機械及電機設備進口值。 7.實質海關出口值。	

八、 景氣燈號（景氣對策燈號）

總共有五種燈號，分別對應不同的景氣現況：

	紅燈 Red	黃紅燈 Yellow-red	綠燈 Green	黃藍燈 Yellow-blue	藍燈 blue
	●	●	●	●	▼
	景氣過熱	景氣微熱（活絡）	景氣穩定	景氣欠佳	景氣衰退
綜合判斷（分） Total Score	45-38分	37-32分	31-23分	22-17分	16-9分

九、總體經濟模型

由供給與需求為組合，表現市場的供需平衡情況，主要影響因素源自商品勞務市場、貨幣市場。可分為：

(一)**AD線，即「總需求曲線」**：寬鬆的財政、貨幣政策（貨幣數量增加）使需求線右移；反之，若緊縮的財政、貨幣政策（貨幣數量減少）則需求線左移。

(二)**AS線，即「總供給曲線」**：生產力進步或供給量增加則供給線右移；反之原物料價格上升導致供給量下降，則供給線左移。兩者相交的點即為供給與需求的總均衡點。

知識補給站

商品勞務市場是指透過商品勞務的需求意願與供給能力；貨幣市場則是指透過貨幣的需求與供給數量來決定。

觀念理解

公債大多使用無實體債券，降低交割風險。

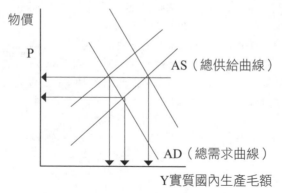

總體經濟模型示意圖

牛刀小試

( ) **1** 在一定時間內，一個國境中的經濟勞務、財務總成果累積又稱為？　(A)GNP　(B)GDP　(C)NNP　(D)NDP。

( ) **2** GDP與GNP的差異為何？　(A)個人直接稅　(B)企業間接稅　(C)國內要素所得　(D)國外要素所得淨額。

(　　) **3** 下列何者為國內同時指標的參考？ (A)實質海關出口值 (B)核發建照面積 (C)股價指數 (D)外銷訂單指數。

(　　) **4** 下列何者會使AD線左移？ (A)供給量增加 (B)供給量下降 (C)寬鬆貨幣政策 (D)緊縮貨幣政策。

解答與解析

1 (B)

2 (D)。 GDP（國民所得）＝GNP（國民生產毛額）－NFI（國外要素所得淨額）。

3 (A)

4 (D)。 緊縮貨幣政策導致貨幣數量下降，會使AD線（總需求曲線）左移。

精選範題

(　　) **1** 下列何者敘述有誤？
(A)被保險人具有繳納保險費用的義務
(B)因合併而產生的印花稅免徵
(C)證券投資信託公司可以公開募集債券型基金
(D)工業銀行不得收受其他銀行之存款。

(　　) **2** 存款人需在約定時間後才可以領取存款，屬於何種存款？
(A)活期存款　　　　　　　(B)支票存款
(C)定期存款　　　　　　　(D)以上皆無。

(　　) **3** 依照簡易總體經濟模型來判斷，若原物料價格上漲，則AS線則應該往哪個方向移動？
(A)左移　　　　　　　　　(B)右移
(C)上移　　　　　　　　　(D)下移。

(　　) **4** 依照保險法之規定，保險業應按資本多少比例存放保證金於國庫中？
(A)5%　　　　　　　　　　(B)10%
(C)15%　　　　　　　　　(D)20%。

(　　) **5** 若想要設立綜合證券商，則最低實收資本額應為下列多少？
(A)4000萬　　　　　　　　(B)4億元
(C)10億元　　　　　　　　(D)20億元。

(　　) **6** 下列何者不是商業銀行可執行的業務範圍？
(A)收受存款
(B)發行金融債券
(C)辦理國內外保證業務
(D)辦理政府債券自行買賣業務。

(　　) **7** 關於工業銀行之敘述，下列何者有誤？
(A)可收受其他銀行之轉帳、存款
(B)發行金融債券

(C)辦理放款

(D)辦理直接投資生產事業、金融相關事業及創業投資事業。

( )　**8** 下列何者非證券商可辦理之業務範圍？
(A)承銷業務 　　　　　　(B)經紀業務
(C)自營業務 　　　　　　(D)保證業務。

( )　**9** 下列何者不是成立金融控股公司的優點？
(A)提升品牌競爭力 　　　(B)通路、商品整合
(C)跨業的金融服務 　　　(D)分散經營風險。

( )**10** 下列何種票券屬於短期票券？
(A)三個月 　　　　　　　(B)一年以上
(C)三年以上 　　　　　　(D)五年以上。

( )**11** 關於國民所得，下列何者敘述正確？
(A)GDP＝GNP－國外要素所得淨額
(B)NNP＝GDP－折舊
(C)NDP＝GNP－折舊
(D)DI＝NI－個人直接稅。

( )**12** 關於匯兌業務之辦理，下列何者錯誤？
(A)電匯 　　　　　　　　(B)票匯
(C)信匯 　　　　　　　　(D)手匯。

( )**13** 委託人委託受託人，向第三人收取款項之行為稱為？
(A)匯款 　　　　　　　　(B)託收
(C)保證 　　　　　　　　(D)承兌。

( )**14** 對於CPI之敘述，下列何者有誤？
(A)CPI僅能反映上漲之趨勢，無法反映下跌
(B)CPI為一般民生支出（財務、勞務）的價格與價值變動之指數
(C)CPI指數上漲通常可代表目前經濟有通貨膨脹之傾向
(D)CPI指數升幅過大，可能面臨寬鬆或緊縮之財政、貨幣政策。

( ) **15** 關於經濟指標，下列何者敘述正確？
(A)同時指標具有領先景氣循環之特性
(B)GNP＝消費＋政府支出－投資－出口－進口
(C)採購經理人指數（PMI）＞50%為經濟衰退
(D)經濟成長率又可稱為實質GNP年成長率。

( ) **16** 有關景氣燈號之敘述，下列何者有誤？
(A)景氣燈號可判斷當前景氣狀況
(B)景氣燈號可分為五種燈號顏色
(C)景氣紅燈為景氣穩定發展之燈號
(D)景氣藍燈為景氣衰退之警訊。

( ) **17** CPI消費者物價指數的範圍不包含何種價格？
(A)工資 (B)醫藥費
(C)早餐 (D)股價。

( ) **18** 下列何者不屬於專業（工業）銀行？
(A)儲蓄銀行 (B)不動產銀行
(C)中小企業銀行 (D)農業銀行。

( ) **19** 若存款人將定期存款解約，則以下變化何者正確？
(A)M_{1B}增加 (B)M_{1A}減少
(C)M_2增加 (D)三者皆增加。

( ) **20** 下列對於準貨幣之描述，何者不正確？
(A)視為準貨幣的資產不容易轉換為狹義貨幣
(B)貨幣市場共同基金是認定的準貨幣之一
(C)與M_{1B}相加等於M_2
(D)又稱為近似貨幣。

( ) **21** 有關貨幣政策之敘述，下列何者正確？
(A)M_{1B}＋準貨幣＝M_{1A}
(B)是一種強力貨幣
(C)郵局之活期儲蓄存款就是準貨幣的一種
(D)以上皆是。

( ) **22** 下列何者屬於落後指標之一？
(A)實質海關出口值 (B)失業率
(C)經濟成長率 (D)工業生產指數。

( ) **23** 何種證券商可以經營全權委託的投資業務？
(A)證券自營商 (B)證券經紀商
(C)證券承銷商 (D)證券投資顧問公司。

( ) **24** 我國行政院編纂的領先指標內容，不包含下列何者？
(A)股價指數 (B)貨幣供給
(C)工業生產指數 (D)外銷訂單數。

( ) **25** 已知目前的經濟市場景氣活絡，則景氣燈號應為下列何種？
(A)紅燈 (B)黃紅燈
(C)綠燈 (D)黃藍燈。

( ) **26** 依照銀行法第71條規定，下列哪種商業銀行業務範圍，需要中央
銀行許可才能進行？
(A)外匯 (B)保證
(C)放款 (D)發行金融債券。

( ) **27** 提供勞力以賺取工作收入，也提供儲蓄以賺取理財收入的是下列
何種單位？
(A)家庭 (B)工廠
(C)政府 (D)企業。

( ) **28** 根據經濟模型來分析，下列何種描述正確？
(A)原物料成本增加，供給增加，AS線左移
(B)原物料成本增加，供給減少，AS線左移
(C)貨幣數量增加，需求增加，AS線右移
(D)貨幣數量增加，需求減少，AS線左移。

( ) **29** 對於金融機構之合併，下列何者敘述錯誤？
(A)因合併產生之商譽得於十五年內攤銷之
(B)因合併產生之費用得於十年內攤銷
(C)因合併出售不良債權所受之損失，得於十五年內認列損失

        (D)因合併前，經該管稽徵機關核定之前六年內各期虧損，自虧損發生年度起六年內，從當年度純益額中扣除。。

(   ) **30** 關於人身保險的範圍，下列何種險種不屬於此範圍？
        (A)年金保險   (B)健康保險
        (C)工程保險   (D)人壽保險。

(   ) **31** 依據銀行法第20條，下列何者不屬於此法定義之銀行範圍？
        (A)商業銀行   (B)專業銀行
        (C)金融控股公司   (D)信託投資公司。

(   ) **32** 商業銀行可進行定期存款之業務，則下列敘述何者錯誤？
        (A)須約定一定期限
        (B)存款人依據存單或其他約定方式領取
        (C)若提前解約，則利息計算不受影響
        (D)可辦理質借。

(   ) **33** 依證券商管理規則規定，證券商營業用的固定資產總額，不得超過總資產的多少比例？
        (A)30%   (B)40%
        (C)50%   (D)60%。

(   ) **34** 下列何者可公開募集債券型基金？
        (A)保險公司   (B)商業銀行
        (C)工業銀行   (D)證券投資信託公司。

(   ) **35** 關於證券商管理規則相關規定，下列何者正確？
        (A)證券商應於每月十日以前，向主管機關申報上個月份的會計科目月計表
        (B)有價證券及其他經主管機關核准項目運用之資金，其原始取得成本總額，不得超過該證券商淨值之30%
        (C)每個會計年度終了後的三個月內，公告並向本會申報經會計師查核簽證、董事會通過及監察人承認之年度財務報告
        (D)以上皆是。

解答與解析

1 (A) **2 (C)** **3 (A)** **4 (C)**

5 (C)。 證券承銷商4億＋證券自營商4億＋證券經紀商2億＝10億元。

6 (D) **7 (A)** **8 (D)**

9 (D)。 成立金融控股公司將金融體系平台、商品、通路整合，可擴大經營、提升品牌競爭力，使銷售更多元、跨業服務，但各種金融體系合一，比經營單一金融商品體系者風險更高。

10 (A) **11 (A)** **12 (D)** **13 (B)**

14 (A) **15 (D)** **16 (C)**

17 (D)。 CPI消費者物價指數為一般民生支出（財務、勞務），不包含投資性質之股票價格。

18 (A) **19 (A)** **20 (A)** **21 (B)**

22 (B) **23 (D)** **24 (C)** **25 (B)**

26 (A)

27 (A)。 家庭成員可付出勞力，賺取工作收入，同時也可以進行儲蓄活動，獲得理財收入。

28 (B)

29 (D)。 (D)選項應為五年而非六年。

30 (C) **31 (C)** **32 (C)** **33 (D)**

34 (D) **35 (D)**

Day 02 認識債券、基金工具

重點 1 債券投資 ★★★

發行債券,是公司、政府籌措資金的重要方式之一,具有流通性、可交易等特質。

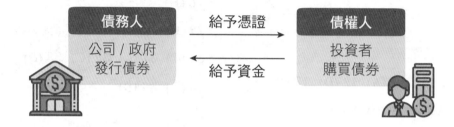

一、債權的特性

(一) 債務人依照契約給予利息,債權人有穩定利息收入。

(二) 債券到期時債務人償還本金。

(三) 債權人可在到期間自由交易,有資本利得空間。

二、債權的種類

債權的種類繁多，可依照下列不同篩選條件進行分類：

(一) 發行單位

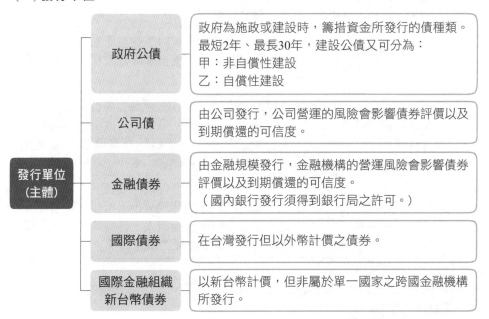

發行單位（主體）	政府公債	政府為施政或建設時，籌措資金所發行的債種類。最短2年、最長30年，建設公債又可分為： 甲：非自償性建設 乙：自償性建設
	公司債	由公司發行，公司營運的風險會影響債券評價以及到期償還的可信度。
	金融債券	由金融規模發行，金融機構的營運風險會影響債券評價以及到期償還的可信度。 （國內銀行發行須得到銀行局之許可。）
	國際債券	在台灣發行但以外幣計價之債券。
	國際金融組織新台幣債券	以新台幣計價，但非屬於單一國家之跨國金融機構所發行。

其中，在債券市場中有分是否有實體，也就是在發行的時候是否具有債券書面資料的提供：

觀念理解

1. **有實體**：提供書面憑證、直接持票券至指定機構領取利息與本金。
2. **無實體**：又稱為登錄債券，因為直接採取登記方式，交割方便。

· 公債大多使用無實體債券，降低交割風險。
· 非投資等級債券又稱為垃圾債券或高收益債券。

(二) 投資品質

投資品質：債券是債務人主動提供憑證向投資人承諾，守信的程度本身具有風險，所以對於債券的發行也有第三方信用評等機構會給予評分，依據信用分數的高低，將對這些債券進行是否值得投資做分類：

1. **投資級債券**：依法規定，信用評等在BBB－／Baa3分以上（含）者。
2. **非投資級債券**：依法規定，信用在BBB－／Baa3以下者。
3. **無評等債券**：債券無進行評等，得投資人自行考量。

(三)**票面利率**：每張債券的票面利率不盡相同，採用的利率計算模式也不同，故也可以根據債券約定的利率方式來分類：

固定利率債券 Fixed Coupon Bond	從發行至到期，期間的債券票面利率皆為固定者，有固定利息收入。
浮動利率債券 Floating Coupon Bond	從發行至到期，期間的債券票面利率會隨著市場變動而改變，利息也會跟著變化、利息收入不固定。
反浮動利率債券 Inverse Floater Note	按照契約約定，債券的票面利率計算應與指標利率相反，當指標利率上漲，債券的利率就下降，反之亦然。這種屬於特殊債券，風險較高，需要更加專業的分析能力。
零息債券 Zero Coupon Bond	無票面利率，所以發行人的支付利息壓力也較小，發行的時候是貼現發行，所以投資者會以低於票面金額的資金購入，等到期時收穫票面上的金額，賺取之間的價差利得。

(四)**贖回方式**：根據債券的贖回方式不同，也能另外作為分類的依據，有下列幾種方式。

1. **附買回權**（Repurchase Agreement）：此為發行人的權利，但非必要執行的義務，就是說發行債券的債務人，可以在特定的時間內將發行的債券買回。

正常發行

發行人	市場利率	投資人
・發行附買回權債券 ・支付利息	・上升：發行人支付利息壓力降低。 ・下降：發行人支付利息壓力增加，可實施買回債券的權利。	・持有債券 ・領取利息

利率下降時可買回

若站在投資人之立場，也就是說當債券獲利空間增加的時候，發行單位有權利終止投資人對債券的持有，因為該發行單位當初發行此債券的時候有附加買回去的權利，依照可買回的時間又分為：

(1) **連續式（美式）**：可於任何日期買回。

(2) **斷續式（歐式）**：可於特定日期買回。

2. **附賣回權（Reverse Repurchase Agreement）**：與附買回權相反，有利於投資人，這是提供給投資人的權利，在特定的時間內可以把債券賣回給發行單位。

(五) **有無擔保**：發行債券也相當於跟借錢類似，若是能提得出有價值的抵押品，可信度也會提高，所以債券是否有無擔保，也可以另外再做分類，如下：

1. **有擔保債券（Secured Bond）**：發行公司提出資產、其他擔保品做債券的抵押，或者由第三人的保證，若是到期日無償還債券的能力時，將首先把擔保品、抵押資產做變現來償還，若是第三人保證的話，則第三人須連帶負上償還責任。

2. **無擔保債券（Unsecured Bond）**：無任何資產做抵押。

(六) **其他特殊種類**：除了前段幾種債券分類外，還有些特殊性種類，在債券市場中也各佔據一方，值得特別提出說明：

1. **指數型連動債券（Indexed Bond）**：公司債的本金與票面利率，會跟隨著特定的指數、指標來做連動，假設當此種指數／指標上升，那麼這種債券的票面利率也會跟著上升。

2. **附認股權公司債（Warrant Bond, WB）**：在特定期間內，投資人有權力認購公司一定數量的股權，使公司有其他途徑獲得資金，也使投資人有多元的投資標的，屬於中長期債券。優點是可降低公司債利息成本，同時還利於銷售。

考點速攻

有擔保債券若是以不動產做抵押，通常稱為抵押公司債；若是以動產為抵押的話，則稱為質押公司債。

觀念理解

還有種債券稱為永久公債，是永不到期之債券，每年（無期限）支付利息。求算價格時用每年利息／利率可得知。

3. **可轉換公司債**（Convertible Bond, CB）：與附認股權公司債不同，可轉換公司債是直接與投資人約定，在特定期間內，可將此公司債轉換成公司普通股票的權利，一種結合股權與債權的商品。

   (1)轉換價格：將公司債轉為普通股的價格，通常兩者有正向的連動關係。

   普通股市價＜公司債轉換價格
   →不轉換
   普通股市價＞公司債轉換價格
   →轉換

通常可轉換公司債券附有賣回權，讓投資人可以提早於特定時間將公司債賣回給發行公司。

   (2)轉換比率：$\dfrac{\text{可轉換公司債面額}}{\text{轉換價格}}$

   (3)轉換價值：標的股票×轉換比率

三、債券的評等與風險

為降低投資人購買到違約率高的債券，債券的發行通常伴隨著第三方機構來進行信用、風險評估，所以債券的等級就是依據此債券的違約率高低來進行判別，而其他信用評等則是審視發行單位的信用、特定債務，以及對債務履行的能力。

審核特定債務指得是會評估債務人還款的能力，以及債務人提供的擔保。

依據債券的品質，可分為不同信用評等機構的下列幾種等級：

	投資級債券		非投資級債券（投機型）	
	最高品質	高品質	普通	極差、不良
S&P（標準普爾）公司	AAA～AA⁻	A⁺～BBB⁻	BB⁺～B⁻	CCC～D
Moody's（穆迪）公司	Aaa～Aa	A～Baa	Ba～B	Caa～D
Finth（惠譽）公司	AAA～AA⁻	A⁺～BBB⁻	BB⁺～B⁻	CCC～D

	投資級債券		非投資級債券（投機型）	
	最高品質	高品質	普通	極差、不良
中華信用評等公司	twAAA～ twAA	twA～ twBBB	twBB～ twB	twCCC～ twD

債券的等級由高至低，代表了發行單位對於還款能力的表現由良好降至極差，以及違約率由低風險升至高風險。

信用評等對投資人來說，可以快速的評斷該債券是否值得投資、可進行何種操作，同時降低債券的資訊不確定性。

考點速攻

債券的信用評等會有正向、負向、發展中、穩定四種可能性。代表此評等可能升級、降級、重新評估中、穩定無變化。

四、債券的評價計算

債券屬於中長期持有的投資標的，除了固定給付利息以外，還可以透過時間創造它的金融價值，金融價值有**現值**與**終值**，而債券就屬於一連串現金流量的總和，所以想要知道債券的實際價值為何，可透過貨幣的時間價值、年金計算來衡量，計算出債券的本利和（本金＋利息的總和）來判斷它的價值。

觀念理解

貨幣的時間價值，是指貨幣按照時間的經過，額外增加的利益、產生的價值。

(一)**終值與現值（兩者為一體兩面，代表了同樣的貨幣在不同時間的價值）**

1. **終值**（Future Value）：現在的貨幣在未來時間的價值，稱為終值。

   終值的計算包含了貨幣的時間價值總和，所以通常為複利結果

   $FV_n = PV_0 \times (1+k\%)^n = PV_0 \times PVIF (k\%,n)$

   其中PV為現值，k為利率，n為期數（年／季／月／日數）

考點速攻

·金融計算的部分可使用財務計算機，且確認附表提供的現值、終值表。

·FVIF為終值因子；PVIF為現值因子，計算時通常會給固定終／現值因子表。

> **範例** 現在有5萬元存放在一金融機構5年，年利率為5%，則5年後該存款終值為何？
>
> 答　$FV_5 = 50,000 \times (1+5\%)^5 = 64,167.93$元

2. **現值（Present Value）**：未來的貨幣在今日時間的價值，稱為現值。

$$PV_n = \frac{FV_n}{(1+k\%)^n} = \frac{FV_n}{FVIF(k\%,n)} = FV_n \times PVIF(k\%,n)$$

其中FV為終值，k為利率，n為期數（年／季／月／日數）

(二) 單利與複利

1. **單利**：每期只以本金計算利息。

若是以單利計算終值的話，便是將每期利息加總。

範例：存放1萬元，存放5年，利率5%，則本利和為？

利息（$10,000 \times 5\% \times 5$年）＋本金（$10,000$）＝$12,500$元

2. **複利**：以每期本利和（本金＋利息）計算下期利息。

若是以複利計算終值的話，便是將每期利息＋本金，計算出新的利息，按照持有期數持續計算新的利息而加總的總和，複利的期數越高，則最後價值也越高。

> **範例1** 現有10萬元本金，存放10年，年利率10%，則本利和為？
>
> 答　$FV_{10} = 100,000 \times (1+10\%)^{10}$
>
> $= 100,000 \times FVIF(10\%,10) = 259,374$元
>
> 而複利的方式也能計算出現值，是指未來每個期間可收取的利益，換算至今日的價值。

> **範例2** 如果現有年報酬率10%的投資，每年複利一次，總共10年，若10年後想要領到30萬元，則現在應存入多少？
>
> 答　$PV_{10} = \frac{300,000}{(1+10\%)^{10}} = 300,000 \times PVIF(10\%,10) = 115,663$元

(三)**年金終值與現值**：年金是一定特期間 內，定期支付、等額的現金流量。

1. **年金終值－為一連串定期、定額的現 金流總和**

$$FVOA_n = PMT \times [(1+k\%)^{n-1} + \cdots + (1+k\%) + 1]$$

$$= PMT \times \frac{1 \times [(1+k\%)^n - 1]}{(1+k\%) - 1} = PMT \times FVIFA (k\%,n)$$

其中PMT為每期現金流量，k為利率，n為期數（年／季／月／日 數），FVIFA為年金終值（有終值表）

$$\boxed{\text{範例}}$$ **每年存10,000元，利率1%，存15年，則年金終值為？**

答　$10,000 \times FVIFA (1\%,15) = 162,579$元

2. **年金現值－未來一連串定期、定額的 現金流總量在今日的價值**

$$PVOA_n = PMT \times PVIFA (k\%,n)$$

(四)**利率相關**：債券的持有年期長，很容易 受市場利率的變化而影響，同時票面利 率的不同也影響了債券的價值。

1. **票面利率－債券利息占票面金額的比例，為利息／票面金額。**

2. **當期收益率YC－目前的債券收益率，為利息／當期價格。**

也因此，因為當期收益率的變化，會使得債券有折價、溢價、平價的 發行情況。

$$\boxed{\text{範例}}$$ **我們買入票面金額100萬、票面利率10%的債券，票息為 10萬，則在市場不同的價格下殖利率會呈現？（這裡以當期殖利 率舉例）**

答　10萬（票息）÷100萬（市場價格）×100% ＝ 10%
　　10萬（票息）÷110萬（市場價格）×100% ＝ 9.09%
　　10萬（票息）÷80萬（市場價格）×100% ＝ 12.5%

$\$$ 知識補給站

PVOA期初年金為約定成立 後支付的第一期年金； FVOA期末年金（普通年 金）為約定成立後的期末 年金。

$\$$ 知識補給站

若想提前交易債券，可計算 貼現收益，其中F為票面金 額，V為價格，i為利率。

從上列內容可以看到有10%、9.09%、12.5%等收益率,這些收益率的結果與票面利率之間的關係又可以分為以下:

(1) **平價**:收益率等同於票面利率的債券又可以稱為平價購入,從購買後到到期日為止之間的投資沒有其他獲利或虧損的空間。

(2) **溢價**:收益率小於票面利率的債券又稱為溢價購入,也就是指購買的金額比原先的票面金額還要來得高,至到期日為止投資報酬率降低了。

(3) **折價**:收益率大於票面利率的債券又稱為折價購入,因為購買金額比原先的票面金額來得低,至到期日為止投資報酬率增加了。

3. **到期收益率(殖利率)YTM－債券的最終收益率,為:**

$$P = \sum_{t=1}^{n} \frac{R}{(1+YTM)^t} + \frac{F}{(1+YTM)^n}$$

其中P=當期價格,R=利息,F=票面金額,n=年數

若要求算YTM,則可使用公式:

$$YTM \approx \frac{R + \frac{F-P}{n}}{P} = \frac{R}{P} + \frac{1}{P} \times \left(\frac{F-P}{n}\right)$$

考點速攻

殖利率YTM通常與價格呈現負向關係。

五、債券的存續期間

可做為衡量債券風險的指標,是以現金流量計算為基礎的加權平均到期期間,又稱為「債券未來各期現金收益的平均折現值」。而影響債券存續期間的因素有票面利率、給付利息次數、市場利率、到期期間長短等。

(一) 與存續期間為正向關係者:到期期間。

(二) 與存續期間為反向關係者

1. **票面利率**、2. **給付利息次數**、3. **市場利率**。

存續期間計算方式

觀念理解

一般而言,債券存續期間會小於到期日,但零息債券的存續期間會等於到期期間。

$$D = \frac{\sum_{t=1}^{n} \frac{CF_t \times t}{(1+r)^t}}{P}$$

其中D=存續期間,CF_t=債券第t期的現金流量,n=到期期數,P=目前價格,r=市場利率(殖利率)

六、 債券的利率風險

投資債券可能面對的風險有許多,如下:

(一) **利率風險**:債券利率大多為固定,若市場
　　利率有大幅的變化,容易衝擊債券持有者
　　的投資報酬,如市場利率上升造成債券價
　　格下跌,使債券持有者資本虧損。

(二) **流動性風險**:市場變化劇烈時,大多數
　　投資者不願意持有中長期的金融商品,
　　若遇到需要變現或者賣出的狀況時,可
　　能會面臨無法出手的狀況。

(三) **信用風險**:債券是發行單位籌措資金所
發行之憑證,若發行單位的經營狀況不佳,容易有違約、拿不到利息和
本金的情況。

(四) **通貨膨脹風險**:物價持續上漲,貨幣能力下降,使債券價值虧損。

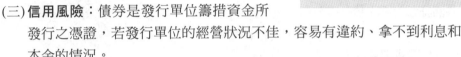

考點速攻

債券的風險還有以下兩種:
(1)再投資風險:領取債券
　　的利息轉做別的投資,
　　但報酬反而更低。
(2)交割風險:非即期交
　　割的債券,容易發生
　　違約風險。
此兩種過去考古題出現
過,但現今不常見。

重點 **2**　共同基金 ★★

共同基金是將資金集中,交由專業經理人(專業機構)來進行操盤投資,
這筆錢可拿來投資股票、指數、債券等內容,獲得的利益按資金投入的比
例來分配。

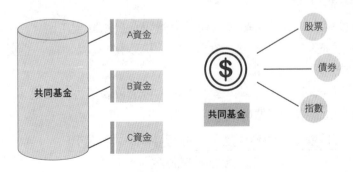

一、共同基金的特性

(一)經理與保管分開,財務獨立,受國家證
　　券管理機構監督。

(二)投資門檻低,最少3,000元就可以進行。

(三)投資標的眾多,分散風險。

(四)流動性佳、變現容易。

(五)投資共同基金的買賣價差可免徵證券交
　　易所得稅。

觀念理解

・投資人的資金是交由
信用評等高的信託公
司或金融機構保管,
基金公司、專業經理
人不經手資金。

・且根據信託法的規
定,這些資金不屬於
銀行的資產,所以若
保管銀行出現破產風
險,也不能動用共同
基金的資金帳戶。

二、共同基金的種類

共同基金的標的繁多,有海外發行的,也有國
內發行的,這些可依據不同的條件分類挑選:

(一)**依投資範圍**:可分為境內與海外。

全球型基金	主要以歐美的成熟市場為主,投資標的遍布全球,最具風險分散的效果。
區域型基金	主要以特定區域(拉丁美洲、東南亞、南亞)為主,風險分散效果比全球型基金差,但是報酬率相較之下較高。
單一(國家)型基金	主要以單一特定國家為主,風險程度相當高。

(二)**依買賣方式**

　1.**開放式**

　　(1)投資人的窗口是基金公司,可隨時直接贖回與申購。

　　(2)此種基金專業經理人在管理時須特別注意流動性,避免投資人無
　　　法變現、造成損失。

　　(3)共同基金發行的單位數不固定,可購買規模也不固定。

　　(4)基金價格(淨值NAV)=

$$\frac{每日基金投資資產總值-發行各類成本與費用}{在外發行之單位數}$$

2.**封閉式**

(1)投資人在證券商開戶，基金需在交易所（集中、流通市場）交易。

(2)共同基金發行的單位數固定、可購買規模固定。

(3)流動性較開放式基金差。

(4)基金價格與市場供需連動，與淨值無關。

考點速攻

封閉式基金價格若＜淨值＝折價發行；若＞淨值＝溢價發行。

(三)依投資標的

股票型 基金	(1) 資金投資標的為企業上市櫃股票、權證。 (2) 追求資本利得。 (3) 投資風險高。 (4) 適合積極／穩健型投資者。
債券型 基金	(1) 資金投資標的為公司債、政府公債等債券。 (2) 追求固定配息利益。 (3) 投資風險低。 (4) 適合保守投資者。
平衡型 基金	(1) 資金投資標的為股票與債券做組合。 (2) 追求平衡發展，兼顧資本利得與固定配息。 (3) 投資風險中。 (4) 適合穩健投資者。
貨幣型 基金	資金投資標的為貨幣（商業本票、可轉定期存單等短期票券）。

(四)依利息的給付方式：共同基金的報酬主要來自於投資股票的股利或債券的利息，以及買賣標的的資本利得，而這些報酬如何給付給投資共同基金者，又可以做為基金的類別：

1.**配息型**：配息頻率可分為年、季、月等，發放現金。

2.**累積型（再投資）**：配息頻率同樣可分為年、季、月，但發放的報酬會轉換為等同價值的基金單位，併入原先持有的基金單位數量，具有複利的效果。

(五)依投資風險

投資風險分類	風險等級	風險程度	說明	投資標的
積極成長型	RR5	高	(1) 風險與報酬率都最高的類別。 (2) 追求最大資本利潤為目標。 (3) 投資波動性大的股票類別。	高科技股、新公司股票、投機股票等。
成長型	RR4	中高	(1) 追求資本利得的利潤為目標。 (2) 投資波動穩定的績優、開發成熟的股票。 (3) 長期穩定成長、兼顧增值與保值功能。	績優股票、已開發國家股票等。
平衡型	RR3	中	(1) 追求資本利得與固定收益為目標。 (2) 投資股票與固定收益或高收益型債券。	穩定價值的股票與債券、高收益債、非投資等級債券等。
收益型	RR2	中低	(1) 追求定期利益為目標。 (2) 投資債券,少部分搭配固定配息的股票為投資組合。	發放股利之股票、已開發國家政府公債、信用評等品質高的債券等。
固定收益型	RR1	低	(1) 追求穩定利益為目標。 (2) 投資固定利益的債券。 (3) 風險與報酬都最小。	短期貨幣市場。

(六)**特殊型共同基金**:除了上述分類的共同基金類型外,也有些是常常投資,但屬於特殊類別型的基金種類,如下:

　　1.**指數股票型基金**(Exchange Traded Fund, ETF):又稱交易所買賣基金,是在股票交易所買賣的一種基金,報價與手續費都與一般基金不同,它是追蹤股票指數表現來獲利。(其他指數型的概念也與它相同)

2. **組合型基金**（Fund and Fund）：又稱為基金中的基金，是將共同基金的資金轉投資其他的基金標的，而被投資的基金又可被稱為「子基金」。

3. **價值型基金**（Value Fund）：波動風險較成長型基金低。主要投資市場上那些價格被低估的股票，像是本益比被低估、股價低於每股淨值等，但實際上這些公司可能營運良好，就是屬於價值型基金投資的標的。

三、 共同基金的購買與贖回投資成本

在投資共同基金的部分，除了須承擔投資風險以外，基金也有額外的成本需要注意，有些成本費用是基金交易的時候支付，有些則是涵蓋在基金淨值的扣除裡，說明如下：

基金成本	支付時間	額度	說明
申購手續費	交易當下	國內0.5～1.5% 海外1.5～3%	為向通路購買基金時需支付的購買費用。
贖回手續費	交易當下 （非必要）	依情況決定	部分基金公司交易基金有買賣價差，也就是用較低的手續費購入基金，但賣出的時候可能手續費增加，所以負擔成本增加。
轉換手續費	交易當下 （非必要）	依標的決定	A基金想要轉換成B基金時，其中的交易成本會產生部分轉換手續費，有些為淨值內扣除，有些則是外加轉換手續費。
銀行信託管費	每年度從淨值扣除	約0.2%	投資海外基金大多透過銀行信託管理資金，故需要支付此成本。
經理人費用	從淨值扣除	依照基金規模和公開說明書鎖定比率（1～2.5%）	依據基金的規模和類型決定經理人費用，費用低到高依序為貨幣型、債券型、股票型。

基金成本	支付時間	額度	說明
遞延銷售手續費	依約定時間	1～4%	一開始不需支付申購手續費，但會在約定年限內補回銷售手續費，持有超過約定年限則可以不用支付，此較為中長型基金類型使用。
保管費	從淨值扣除	約0.1%～0.3%	支付給基金機構保管基金的費用。

四、 共同基金的投資模式

投資共同基金的門檻低且流動性快，在市場上也區分出不同的投資模式：

(一) **單筆申購**：一次準備大筆資金，在適合的市場時機一次投入申購基金標的，通常最低為10,000～15,000元資金門檻（依各機構規定）。

(二) **定期定額申購**：在固定時間按照固定的金額申購基金標的，優點是可以在不同的市場時機點投資，藉此來平均投資成本，適合做中長期的投資配置，通常最低為3,000～5,000元門檻（依各機構規定）。

五、 共同基金的風險

想投資共同基金前得先確認自己的承擔風險能力，同時也要了解共同基金有那些投資的風險：

風險種類	風險說明
利率風險	市場升息或降息都可能影響金融商品的表現，通常對債券型基金影響最大。
市場風險	最主要的風險來源，依據基金投資的區域與範圍，若該區域市場震盪、波動大，影響基金表現甚鉅。
匯率風險	基金投資標的很大部分為海外投資項目，故以外幣計價時就容易因匯率變化而影響交易成本。

風險種類	風險說明
清算風險	當基金規模不大時，基金公司可能判定無法繼續操作獲得收益，便可能進行清算或與其他基金合併。
公司風險	基金公司的管理，還有專業經理人的品性道德等都可能成為該發行基金的潛在風險。

六、 共同基金的指標

一個基金標的是否值得投資，可參考以下各種指標來判別：

(一)**貝他係數 β**（Beta Coefficient）：反映基金對市場大盤波動的敏感度。

　　當 β＞1 時，表示此基金組合的淨值浮動程度大於市場，風險較高。

　　當 β＜1 時，表示此基金組合的淨值浮動程度小於市場，風險較低。

(二)**年化標準差**（Standard Deviation）：衡量基金淨值近一年的浮動程度。

　　1.當標準差＞1時，風險程度較高。

　　2.當標準差＜1時，風險程度較低。

(三)**夏普指數**（Sharpe Index）：衡量每一單位風險能換得的超額報酬。

　　夏普指數越大，代表基金在承受此風險之下的表現效率高，獲得的報酬越多、風險較小，通常觀察期為三年以上。

(四)**報酬率**（Rate of Return）：衡量一段期間內基金淨值的漲跌幅度。也就是為投資人這段時間內的投資效益做一個結算，若是想觀察配息基金標的，須看的是含息報酬率，確認未領走利息前的實際表現。

牛刀小試

(　　) **1** 國內銀行若想發行金融債券，應得到下列何者的許可？　(A)中央銀行　(B)銀行局　(C)證券商　(D)證期局。

(　　) **2** 關於政府公債與一般公司債的風險差異，下列敘述何者正確？(A)公司債沒有違約風險　(B)政府公債沒有違約風險　(C)兩者皆無利率風險　(D)兩者皆無通貨膨脹風險。

(　) **3** 追求高風險、高收益的投資人，適合下列哪種基金？ 　(A)固定收益型 　(B)成長型 　(C)平衡型 　(D)積極成長型。

(　) **4** 關於封閉型基金的敘述，下列何者錯誤？ 　(A)基金規模為固定 (B)基金沒有贖回壓力 　(C)發行基金為折價狀態 　(D)基金價格與淨值有關。

(　) **5** 下列何種基金的風險最高？ 　(A)平衡型 　(B)固定收益型 　(C)成長型 　(D)積極成長型。

解答 　**1** (B) 　**2** (B) 　**3** (D) 　**4** (D) 　**5** (D)

精選範題

( ) **1** 封閉型基金的計價方式，以下列何者為基礎？
(A)基金淨值　　　　　　　　(B)基金市價
(C)基金淨值與市價間的關係　(D)基金績效。

( ) **2** 小明向證券商承作一筆100萬元的附買回公司債交易，年利率為
2%、期間60日，則到期時小明總共應拿回多少本利和？（四捨
五入）
(A)1,003,288　　　　　　　　(B)1,002,155
(C)1,200,000　　　　　　　　(D)1,020,000。

( ) **3** 目前公債大多使用無實體債券，這是為了避免下列何種風險？
(A)違約風險　　　　　　　　(B)交易曝光風險
(C)逃稅風險　　　　　　　　(D)交割風險。

( ) **4** 關於開放型基金的特性，下列何者描述有誤？
(A)基金規模不固定
(B)投資人可直接向基金公司申購
(C)基金價格是按市價為計算基礎
(D)基金公司對於基金有贖回的壓力。

( ) **5** 有關債券存續期間之敘述，下列何者正確？
(A)零息債券的存續期間等於到期期間
(B)一般債券的存續期間大於到期期間
(C)在其他條件固定下，到期年限長者，則存續期間也較短
(D)在其他條件固定下，票面利率較高者，投資成本回收的慢。

( ) **6** 若阿華分別購買同樣5年期，但是利率5%的A債券、10%的B債
券、3%的C債券，則市場利率1%的情況下，哪張債券的價格波
動性較大？
(A)A債券　　　　　　　　　(B)B債券
(C)C債券　　　　　　　　　(D)以上皆否。

(   ) **7** 買了一張可轉換債券面額100元，發行時約定轉換價格為50元，
若今日股價來到80元，則此可轉換債券的可轉換價值為？
(A)160元　　　　　　　　　　(B)150元
(C)140元　　　　　　　　　　(D)130元。

(   ) **8** 以標準普爾的信用評等級分來說，下列何者為高品質投資級債
券？
(A)AAA級　　　　　　　　　(B)AA級
(C)BBB級　　　　　　　　　(D)CCC級。

(   ) **9** 關於共同基金的特性與優點，下列何者正確？
(A)可以有效地完全分散投資風險
(B)由專業機構（經理人）管理、操盤，不會發生錯誤判斷
(C)投資門檻低，且流動性佳
(D)投資共同基金可以免徵營業稅。

(   ) **10** 下列何者是貨幣型基金的主要投資標的內容？
(A)股票　　　　　　　　　　(B)債券
(C)指數　　　　　　　　　　(D)短期票券。

(   ) **11** 關於債券的類別，下列何種分類敘述正確？
(A)依發行地區可分為公債、公司債、金融債券
(B)依有無擔保可分為有擔保債券、無擔保債券
(C)依票息有無可分為有息債券、永息債券
(D)依票面利率可分為投資級、非投資級、無評等債券。

(   ) **12** 在共同基金的分類中，被稱為基金中的基金是下列何種類型？
(A)平衡型基金　　　　　　　(B)指數型ETF基金
(C)指數型基金　　　　　　　(D)組合型基金。

(   ) **13** 當債券遇到市場利率持續降低，使支付利息的壓力過高時，發行
單位可行使買回債券的權利，此權利又稱為？
(A)附賣回權利　　　　　　　(B)附買回權利
(C)轉換重設權　　　　　　　(D)附賣回條款。

( ) **14** 中央公債可分為甲乙兩種類別，下列何者敘述正確？
(A)甲公債為支付非自償性之建設資金
(B)乙公債為支付非自償性之建設資金
(C)甲、乙公債皆支付非自償性之建設資金
(D)甲、乙公債皆支付自償性之建設資金。

( ) **15** 下列何者不是共同基金的獲利來源？
(A)債券固定配息　　　　　　(B)股利收入
(C)權利金收入　　　　　　　(D)投資資本利得。

( ) **16** 投資共同基金的優點不包含下列何者？
(A)分散風險　　　　　　　　(B)專業機構的管理與利用
(C)節稅　　　　　　　　　　(D)保障投資收入。

( ) **17** 投資共同基金有幾項指標可觀察基金標的風險，下列何者不屬於？
(A)標準差　　　　　　　　　(B)β值
(C)夏普指數　　　　　　　　(D)票面利率。

( ) **18** 下列何種債券的存續期間等同於到期期間？
(A)永息債券　　　　　　　　(B)零息債券
(C)政府公債　　　　　　　　(D)無實體債券。

( ) **19** 一債券票面金額100萬元，每半年付息一次，為10年期債券，若每次給付利息時可領取到50,000元，則利率應為多少？
(A)10%　　　　　　　　　　(B)5%
(C)20%　　　　　　　　　　(D)8%。

( ) **20** 下列何種成本已經反映在基金的淨值當中？
(A)申購手續費　　　　　　　(B)贖回手續費
(C)銀行信託管費　　　　　　(D)經理人費用。

( ) **21** 投資人評估共同基金時，下列哪個項目不在審核考量範圍內？
(A)專業經理人選擇　　　　　(B)投資標的組合
(C)各項成本費用　　　　　　(D)保管機構。

( ) **22** 下列何種債券的信用評等程度為投資級債券？
(A)twB級 　　　　　　　　(B)twBB＋級
(C)twCC級 　　　　　　　　(D)twBBB級。

( ) **23** β值通常作為判別基金風險程度的指標，下列敘述何者正確？
(A)β值＞1基金風險高
(B)β值＜1基金風險高
(C)β值＞1基金，代表基金淨值浮動低
(D)β值是衡量一定時間內基金的收益效率。

( ) **24** 定期定額投資共同基金沒有何種特性？
(A)不同時機進場，可平均投資成本
(B)適合長期投資
(C)投資門檻低
(D)可不受匯率風險的影響。

( ) **25** 下列何者不是貨幣型基金的特性？
(A)固定收益性 　　　　　　(B)流動性高
(C)高風險性 　　　　　　　(D)高安全性。

( ) **26** 若該基金公司的經理人費用比率為1.5%，保管費0.2%，今年從基金淨值中扣除了了450萬元經理人費用，則基金平均淨值應為多少？
(A)3億元 　　　　　　　　　(B)16億元
(C)22.5億元 　　　　　　　(D)2.7億元。

( ) **27** 對於無實體債券的特性，下列描述何者錯誤？
(A)節省印製成本 　　　　　(B)形同無記名債券
(C)減少交割風險 　　　　　(D)採登錄方式。

( ) **28** 關於債券的描述，下列何者描述正確？
(A)殖利率越高，則債券價格越高
(B)債券距離到期日越近，折價程度也會越高
(C)債券價格低於市場價格的時候稱為溢價
(D)當期收益率為利息／市場價格。

( ) **29** 依照投資標的來分類的共同基金，下列何者不是此分類方法？
(A)區域型基金　　　　　　　(B)股票型基金
(C)指數型基金　　　　　　　(D)債券型基金。

( ) **30** 投資國內的債券，較不會遇上下列何種風險？
(A)價格風險　　　　　　　　(B)利率風險
(C)匯率風險　　　　　　　　(D)再投資風險。

( ) **31** 當共同基金標的的年化標準差＞1時，可能會有下列何種情況？
(A)風險較低　　　　　　　　(B)風險較高
(C)表現效率高　　　　　　　(D)表現效率低。

( ) **32** 關於基金的投資成本，下列何者正確？
(A)向通路支付的基金購買費用為贖回手續費
(B)基金申購手續費內涵在基金淨值裡
(C)轉換手續費通常為1.5～3%
(D)保管費用從基金淨值裡扣除。

( ) **33** 假設可轉換債券面額10萬元，可轉換價格為20元，則可換多少張股票？
(A)10張　　　　　　　　　　(B)8張
(C)5張　　　　　　　　　　　(D)1張。

( ) **34** 小明投資A基金50萬元，申購手續費2.5%，經理人費用1.5%，保管費0.15%，除了投入資金50萬元以外，還需要額外支付多少費用？
(A)20,750元　　　　　　　　(B)20,000元
(C)12,500元　　　　　　　　(D)8,250元。

( ) **35** 若小明總共有2,000單位的基金，申購時淨值為15元，贖回時淨值為18元，則小明淨賺多少元？
(A)5,000元　　　　　　　　　(B)3,000元
(C)6,000元　　　　　　　　　(D)4,500元。

解答與解析

1 (B)

2 (A)。 1,000,000＋（1,000,000
×2%×60／365）
＝1003287.67123≒1,003,288

3 (D)　4 (C)　5 (A)

6 (C)。 在其他條件不變的情況
下，票面利率較低者，回收投資
成本較慢，存續期間較長，故市
場利率對價格的影響較大。題幹
中票面利率最低者是3%的C債
券，故選(C)。

7 (A)。 面額100元×股價80元／
可轉換價格50元＝160元

8 (C)　9 (C)　10 (D)　11 (B)

12 (D)　13 (B)　14 (A)

15 (C)。 權利金為選擇權的獲利來
源，非共同基金。

16 (D)　17 (D)　18 (B)

19 (A)。 每半年付息一次，故將
50,000×2＝100,000（每年給付
的利息），利息／票面金額＝票
面利率，所以100,000／1,000,000
＝10%。

20 (D)　21 (D)　22 (D)　23 (A)

24 (D)　25 (C)

26 (A)。 450萬元／1.5%（經理人
費用比率）＝3億元。

27 (B)　28 (D)　29 (A)　30 (C)

31 (B)　32 (D)

33 (C)。 100,000／20元＝5,000股，
1,000股＝1張，所以5,000股＝5張。

34 (C)。 500,000×2.5%＝12,500
元，經理人費用、保管費會在淨
值內扣除。

35 (C)。 18元－15元＝3元，
3元×2,000單位＝6,000元。

認識股票、衍生性金融、短期投資

Day 03

重點 1　股票投資 ★★★

股票，是上市櫃公司為了籌措資金，向股東發行的憑證，股東們可藉此領取配息或紅利（股利），每一股都代表了股東對公司的所有權，為一種有價證券，可以轉讓、抵押、或買賣。

一、股票的特性

參與性	股票是一種股東的出資證明，可參與公司的股東大會發表意見。
收益性	股票持有者參與公司的利潤分配（分紅），也就是股息、股利。
風險性	投資人對發行公司為所有者，同發行公司承擔風險、享受利潤。
流動性	股票可在市場中自由交易，交易價格有資本利得空間。

二、股票的種類

市場中的股票繁多，可以依據不同的條件來進行分類。

(一)**股東的權利**：投資人購買股票後對公司的權利影響，又可分：

1. **特別股（優先股）**：是公司中的特別股份，有優先分配剩餘財產的權利。特點如下：

   (1)特別股股息為事先固定，明定股息收益率。

   (2)特別股只領約定的股息，不參與公司經營的利潤分紅，所以不受公司經營績效影響。

   (3)特別股的索償權＞普通股，但是＜債權。

   (4)特別股的權利較小，無選舉權、投票權（部分情況有例外）。

2. **普通股**：公司中的基本股份，透過經營績效來分配利潤，特點如下：
   (1)必須在公司支付完債券利息、特別股股息後才分配。
   (2)股利不固定。
   (3)擁有表決權、發言權。
   (4)普通股的索償權＜特別股＜債權。

(二)**交易市場**：股票在集中、店頭市場中交易，股票類別也將以不同交易市場做分類。

1. **集中市場**：又稱為次級市場，以集中公開競價方式交易的市場，交易商品均為標準化，又稱為「上市股票」，想申請成為上市股票需符合：

> 觀念理解
>
> 若為科技業者，有中央目的事業主管機關出具明確意見書者，資本額可只需3億元以上。

   (1)公司需設立3年以上的會計年度。但公營事業或公營事業轉為民營者，不在此限。
   (2)實收資本額大於6億元。且募集發行普通股股數達3,000萬股以上。
   (3)證券商上市輔導或申請登錄為興櫃股東屆滿6個月。
   (4)記名股東人數需在1,000人以上，公司內部人及該等內部人持股逾50%之法人以外記名股東人數不少於500人，且其所持股份合計占發行股份總額20%以上，或者滿1,000萬股者。
   (5)獲利能力表現需近一年不能有虧損情況，且要符合下列其中一個條件：
      A. 最近2個會計年度的營業利益及稅前純益佔年度決算之財務報告所列之股本比率皆達6%。
      B. 最近2個會計年度的營業利益及稅前純益佔年度決算之財務報告所列之股本比率平均達6%，且近一會計年度之獲利能力比前一年好。
      C. 稅前淨利占年度決算之財務報告所列示股本比率，最近5個會計年度均達3%以上。

> 💲 **知識補給站**
>
> 第二類上櫃股票為高科技產業籌資之方式，實收資本額的部分，科技業不受無累積虧損之限制。

2.**店頭市場**：屬於櫃檯買賣，證券商在此以議價的方式買賣，又分為下列幾種上櫃股票：

	上櫃股票	第二類上櫃股票	興櫃股票
會計年度	需設立2年以上	需設立1年以上	無
實收資本額	大於5,000萬元	大於3,000萬元且無累積虧損，或淨值達20億元以上。	為公開發行公司。
輔導期間	需超過12個月以上	需超過6個月以上	簽訂輔導契約
推薦證券商	需有2家以上	需有2家以上	需有2家以上，其中一家為指定主要輔導之證券商。
股權分散	公司內部人及該等內部人持股逾50%之法人以外之記名股東人數不少於300人，且其所持股份總額合計占發行股份總額20%以上或逾1,000萬股。	持1,000股以上記名股東達300人以上。	無
獲利能力	其財務報告之稅前淨利占股本之比率最近年度達4%以上，且其最近一會計年度決算無累積虧損者；或最近二年度均達3%以上者；或最近二年度平均達3%以上，且最近一年度之獲利能力較前一年度為佳者。前述財務報告之獲利能力不包含非控制權益之淨利（損）對其之影響。但前揭之稅前淨利，於最近一會計年度不得低於新台幣400萬元。	無	無

三、 股票的投資成本（交易成本）

(一) **買賣手續費**：買賣股票時收取費率為0.1425%

每股買賣價格×股數×手續費率

(二) **交易稅**：只有股票賣出的時候才計算，費率為0.3%

每股賣出成交金額×股數×交易稅費率

四、 股票的投資分析

(一) **基本分析**：利用財務分析和經濟學上的研究數據資料，來評估企業價值、預測證券價值的走勢，而基本分析的分析方向可分為：

1. **總體經濟分析**：利用總體經濟的數據來做分析。

　(1) **經濟成長率**：判斷國內GDP的年成長變化來分析股市市場前景。

　(2) **景氣指標**：透過領先、同步、落後指標來分析市場趨勢，進而分析股票行情、趨勢。

　(3) **景氣燈號**：以景氣燈號變化來判斷目前股票市場景氣與熱度。

> **⑤ 知識補給站**
>
> 基本分析可分為：
> (1) 由上而下：公司分析→產業分析→總體經濟分析。
> (2) 由下而上：總體經濟分析→產業分析→公司分析。

　(4) **市場變化**

匯率	觀察台幣目前的國際行情，因為台幣升值利於進口；台幣貶值則利於出口，可藉此觀察公司營運和產業發展。
利率	利率上漲則股價上升、降低則股價下降。
物價	需求與供給會影響市場、產業、公司發展，連帶可能帶來通貨膨脹、政府貨幣／財政政策的變化，進而帶動股價影響。
貨幣供給	市場的貨幣供給數量可判斷市場處於寬鬆還是緊縮，可藉此分析投資時機和方向。

2. **產業週期分析**：不論是產品還是企業，在發展的過程中有起有伏，也有專屬的週期，想要把握良好的股票投資時機，勢必得研究該標的股票的產業週期。

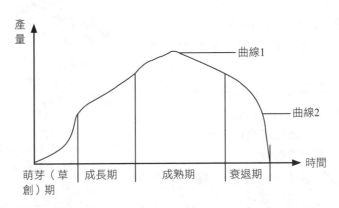

	萌芽期 （草創）	成長期	成熟期	衰退期
市場 增長率	高	高	低	下降
需求 增長速度	快	快	低	下降
技術變動	大	趨於穩定	成熟	成熟
市場特點	相關資訊不多、未來情況不明朗。	定位明朗化，競爭者開始增加。	資訊清楚、穩定，市場穩健，競爭者大量增加。	產品項目無市場需求。
產品特色	產品尚未被接受，注重推廣。	產品已被接受，有可預測的未來。	產品標準化生產。	產品供過於求，退出市場。
投資風險	高	中	低	無投資價值
其他說明	企業投入門檻低，致力於開發市場、技術方面充滿不確定、有許多面向需要調整。但若是發展順利，則獲利空間極大。	企業投入門檻提高，股票投資收益穩定性增加。	企業投入門檻過高，產業盈利能力下降，新產品、新市場開發困難。	有四種衰退可能： 1.資源型衰退。 2.效率型衰退。 3.收入低彈性型衰退。 4.聚集過度型衰退。

四種衰退可能性原因解釋：

(1) **資源型衰退**：因生產原物料資源枯竭。

(2) **效率型衰退**：因運作效率低下，弱於市場比較而衰退。

(3) **收入低彈性型衰退**：因產業的收入無彈性而導致。

(4) **聚集過度型衰退**：因經濟市場過度聚集引起行業衰退。

3. **產業競爭因素**

(1) **新加入者的威脅**：因為得與新加入市場者競爭，故增加耗費的資源，導致利潤下降。

依產業的變化，又可分為：

(1) 成長型產業：新產品／技術、有亮眼表現、股票獲利能力優。

(2) 抗循環型產業：又屬於成熟型產業，景氣變化影響小，多為食品、水電或與政府簽約之產業。

(3) 隨循環型產業：生產價格高、慎重型的產品，產業多為汽車業、重工業。

(2) **替代性產品的威脅**：市場出現其他可替代性產品，原有的產品或服務之價格就可能受到限制。

(3) **供應商的議價能力**：若供應商有資源上的優勢，則可能提高供應價格，導致企業成本增加，使企業獲利能力下降。

(4) **購買者的議價能力**：若客戶有削價的能力，將使利潤降低、企業獲利能力下降。

(5) **現有市場的競爭力**：產業市場競爭激烈，企業若需持續在市場經營，將付出更多行銷、研發、降價等資源，使企業獲利空間縮小。

(二) **技術分析**：研究過去金融市場之數據，只考慮市場或金融工具的實際價格行為，關於股票的技術分析，有以下幾種可參考：

1. **移動平均值（MACD）**：利用兩條不同速度的股價指數平滑移動平均線（EMA），來計算中間的差離

$ 知識補給站

EMA不同速度的意思就是指不同天數的移動平均線。計算出DIF後，再對其進行移動平均計算，稱為MACD。

（DIF）現象，以移動平均線的收斂、發散變化做為判斷投資股票的時機訊號，適合分析股票中期趨勢。

2. **乖離率（Bias）**

$$\frac{\text{當日收盤股價（指數）}-\text{n日平均股價（指數）}}{\text{n日平均股價（指數）}} \times 100\%$$

此為計算該股票的當日股價與平均股價差異度，有助於對股價的變化做預測，若乖離率為正則代表獲利大，接下來賣壓變高；反之亦然。

3. **隨機指標（KD值）**：K值為快速平均線、反應靈敏，D值為慢速平均線、反應遲緩，如果K值＞D值（由下往上）代表目前為股價漲勢；K值＜D值（由上往下）則代表股價為跌勢。

4. **威廉指標**：利用擺盪的原理來推測買賣的時機，因為市場會將買賣價格推至最邊緣的區間，所以可以確認反轉的時間點。
當威廉指標＞80時，市場超賣、股票行情即將見底；當威廉指標＜20，市場超買、股票行情即將見頂。

5. **相對強弱指標（RSI）**：此種指標是用來評估「買賣盤雙方力道強弱」情況的技術指標，買家是代表金錢的力量，賣家是代表持貨的力量。
(1) **轉弱訊號**：股價正在創新高價，但是RSI沒有跟著一起創新高。
(2) **轉強訊號**：股價正在創新低價，但是RSI沒有跟著一起創新低。

6. **艾略特波浪理論**：在此理論之下，股價會由八個波段形成一個週期，不論市場趨勢如何變化，這些波段變化有五波上升、三波下降。

> 💲 **知識補給站**
>
> 艾略特波浪理論將八個波段分為九個類別：超大循環波、超循環波、循環波、主波、中型波、小型波、短波、微波和超微波。

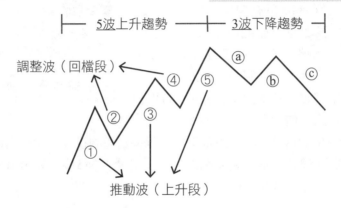

(1)五波上升（多頭市場）

第1波	發生在多頭市場築底的過程。
第2波	大幅回檔，洗去大半第一波帶來的利潤，屬於良性換手。
第3波	走勢明顯上升、多頭力道強勁，成交量大、股價也大幅上升，常產生延伸波，形成熱絡的景象。
第4波	也屬於回檔波段，較第二波複雜，一些較差品質的股票會在這時候股價回跌。
第5波	投機股、績優股的成交量不斷放大，指數不斷創新高，但實際漲幅不大。

(2)三波下降（空頭市場）

a波	市場拉回股價整理，多頭行情結束。
b波	常產生多頭假象，股價走勢為情緒化投機表現，市場結構脆弱，此時為出清最好階段，又稱為逃命波。
c波	為壓倒性空頭優勢，是空頭市場的主要下跌時機。

7. **道瓊理論**：在此理論下，認為所有的資訊情況都因反應在股價上，股票有三種波段趨勢的存在：

(1)**主要趨勢**：通常持續1年。

  A. 承接階段：明智的買進，參與者大多為精明的投資人。

  B. 眾參與階段：順勢進場的投資人，價格開始快速上漲。

  C. 出貨階段：一般民眾進場，承接階段的投資人開始出清。

在道瓊理論下，成交量是重要指標，趨勢的變化是必要搭配實際成交量來做分析。

(2)**次要趨勢**：是主要趨勢的修正，通常持續3個星期至3個月，最常見的折返幅度是50%。

(3)**小型趨勢**：屬於日常波動，較不重要。

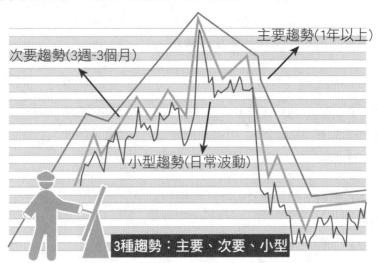

次要趨勢(3週~3個月)

主要趨勢(1年以上)

小型趨勢(日常波動)

3種趨勢：主要、次要、小型

8.**K線理論**

(1)是股票市場中最基本也最簡單的技術分析方法，由開盤、最高、最低、收盤價組成，是紀錄買方與賣方實際交易的過程。

(2)若收盤價高於開盤價時，也就是股價上漲時，以紅色來表示，稱為陽線；反之收盤價低於開盤價時，股價下跌時，以綠色來表示，稱為陰線。

考點速攻

若陽線中的最高價＝收盤價則無上影線；若陰線中的最低價＝最低價則無下影線。而K線也有更簡易的表示方法，也就是開盤價＝收盤價，又稱為十字線。

陽線

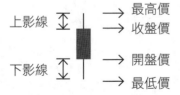

上影線 → 最高價
→ 收盤價
→ 開盤價
下影線 → 最低價

股價強勢、收盤價高於開盤價

陰線

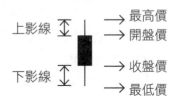

上影線 → 最高價
→ 開盤價
→ 收盤價
下影線 → 最低價

股價弱勢、收盤價低於開盤價

五、股票的評價與計算

(一)**傳統股利折現評價**：依照不同的股利成長方式，又分為：

1.**股利固定成長（Gordon高登成長）**

$$P = \frac{D(1+g)}{(r-g)}$$

其中P＝股價，D＝股利，r＝報酬率，g＝股利成長率

2.**股利零成長**

$$P = \frac{D}{r}$$

其中P＝股價，D＝股利，r＝報酬率

(二)**簡易評價**

1.**本益比（P／E）倍數還原法**

$$本益比 = \frac{每股市價}{每股稅後盈餘}$$

合理股價＝預期每股盈餘×合理本益比

2.**股價淨值比（P／B）還原法**

$$市價淨值比 = \frac{每股市價}{每股淨值}$$

合理股價＝淨值×合理淨值比

3.**股利殖利率**

$$股利殖利率 = \frac{每股股金股利}{每股股價}$$

$$合理股價 = \frac{每股股利}{合理股利殖利率}$$

(三)**資本資產訂價模式（CAPM）**：此方法
是歸納了理性投資者如何透過分散投資
組合藉以優化投資報酬而衍生出來的數
學計算公式，試圖解釋資本市場如何決
定股票收益率，進而決定股票價格。

考點速攻

CAPM中有關風險溢酬的
觀念，是當投資者投資
風險較高的標的時，應
額外增加的報酬，又稱
為風險貼水。

$$E（r_i）=r_f+\beta_{im}[e（r_m）-r_f]$$

其中r_i為期望報酬，βim為beta值（系統
性風險係數），$E（r_m）$為市場組合報
酬，r_f為無風險報酬。

$E（r_m）-r_f$通常為市場風險溢價，也就
是市場組合報酬對無風險報酬的差異。

觀念理解

r_m通常為股票價格指數報
酬，或者為資產組合中
的所有股票平均報酬。

(四)**套利訂價模式（APT）**：其理論在於一張相同風險的股票，不可能存在
於兩種完全不同的價格，若是出現此情況，則可以透過套利組合來獲取
報酬。

六、 股票的投資實務

在國內想要投資股票，首先得在證券商開戶才可以開始進行股票的買賣委
託。依據買賣股票性質不同，股票的交易時間也不同，如下：

(一)**普通交易**：8：30a.m.～13：30p.m.

(二)**盤中零股交易**：9:00p.m.～13:30p.m.（最小單位為1股）

(三)**盤後零股交易**：13:40p.m.～14:30p.m.

(四)**預約交易（平均時間約）**：14：40p.
m.後，直至翌日上午8：30前都可以預約

股票的交易每日漲跌幅都不可超過前一日收
盤價的10%，若是上漲／下跌至10%，又稱
為漲停板／跌停板。

💲 **知識補給站**

1. 盤中交易：
   上午09：10第一次撮合，
   每隔3分鐘以集合競價撮
   合成交。
2. 盤後交易：
   下午14：30後，以集合競
   價一次撮合成交。

重點**2** 衍生性金融商品 ★★

衍生性金融商品，該金融價值由利率、匯率、股權、指數、商品、信用事
件或其他利益及其組合等所衍生的交易契約而決定，是風險更高、操作更
為複雜的金融工具之一。

一、衍生性金融商品的特性

(一) **存續期間**：在交易之後一段時間才交割。

(二) **槓桿特性**：常有以小錢換取高價值標的的操作（期貨）。

(三) **權利義務**：在選擇權中權利義務為不對稱，無論意願都得完成交易。

(四) **避險功能**：因投資有未來不確定性，故可以透過期貨轉移價格風險。

(五) **投機功能**：期望商品的價格變動，進而賺取投機的利益。

(六) **價格發現功能**：透過金融期貨的價格，可預測遠期利率的變動。

(七) **促進市場流動性**：因為有避險、投機者參與，使市場熱絡與活躍。

二、衍生性金融商品的種類

通常衍生性金融商品可分為直接衍生、組合衍生，分別是單一的一種金融商品衍生、兩種金融商品組合衍生而成，在此前提下，有最基本的四種型態：

(一) **遠期契約（Forwards Contract）**：買賣雙方於未來約定日期以特定價格交易，內容由雙方自由決定。

　　1. 以利率為標的稱為「遠期利率協定（Forward Rate Agreement）」。

　　2. 以匯率為標的稱為「遠期外匯契約（Forward Exchange Contracts）」。

(二) **期貨契約（Futures Contract）**：與遠期契約相同，但擁有標準化契約、在公開市場買賣，採用保證金交易每日結算，無違約風險。

期貨的交易，需透過保證金制度才可以下單，因為保證金是履約的重要擔保，又分為原始（基本）保證金、維持（變動）保證金。其中：

　　1. **原始保證金**：每款期貨交易前須支付的最低金額，由期貨交易所依照契約價值來調整。

　　2. **維持保證金**：由於期貨每日都會價格異動，為了維持此交易有效，帳戶至少需有原始保證金的75%，若是戶頭低於此水準，交易人須在24小時內補齊，否則將會被期貨商自動平倉持有的期貨，又稱為「斷頭」。

觀念理解

(1) 由於期貨契約已經為標準化契約，所以期貨持有者通常會在到期前結清，又稱為反向沖銷或平倉。

(2) 常見的期貨交易單位為一口，而臺灣股票的一口期貨指數通常為200元；小型的則為50元。

期貨契約又可分為：

1. **商品期貨**（Commodity Futures）：標的物為實物商品。

  (1)**農業產品**：黃豆、玉米、肉品、小麥、花生等，此分類還有細分出特殊經濟作物，為咖啡、可可、原糖、棕櫚油等。

  (2)**金屬產品**：主要為10種金屬（銅、鋁、鉛、鋅、錫、鎳、鈀、鉑、金、銀），其中金、銀、鈀、鉑又細分為貴金屬類。

  (3)**能源資源**：石油、天然氣、天氣（氣溫、暖氣指數等）等。

2. **金融期貨**

  (1)**利率**：分為短期、長期利率標的。

  (2)**匯率**：美元、英鎊、澳幣、日圓、歐元。

  (3)**股價指數**：由股價指數與持有單位進行計算。

(三)**交換契約**（Swap Contract）：買賣雙方約定在未來特定時間交換某部分的現金流量。此衍生金融商品是一種以物易物的互利行為，由兩個或兩個以上的經濟個體，沒有標準化，可分為：

1. **貨幣交換**（Currency Swap）：雙方約定一開始交換（貸款）不同貨幣，其中互相支付貨幣的利息，到約定日期再互相交換回來。

2. **利率交換**（Interest rate Swap）：雙方約定在未來交換不同利息的支付，可作為銀行機構、公司企業管理利率風險的金融工具。

3. **商品交換**（Commodity Swap）：A方交付浮動商品的價格×數量；B方則收到固定商品的價格×數量。

4. **權益交換**（Equity Swap）：A方交付股價指數、股票的報酬；B方則支付固定利率或浮動利率。

(四)**選擇權**（Options）：簡單而言，就是交易對商品可進行買賣的「權利」。

1. 在公開市場交易、繳交權利金，以及須每日結算保證金，無違約風險。「買權」、「賣權」都是選擇權當中可以進行交易的權利，所以常見買進買權、買進賣權；賣出買權、賣出賣權。舉例來說就是買方事先約定要在未來的特定時間以特定價格購買商品，賣方一定得在未來特定時間已事先約定的價格完成這項交易。因為買方是買進一項權利，所以通常需支付權利金，支付完後便無需承擔其他風險；反之賣方取得權利今後，須在特定時間完成交易義務，所以賣方須每日維持保證金的額度以保證到期後能履約，使違約風險可以得到控制。

2.同時依照交易執行的選擇權履約價格影響，又能分為：
  (1)價內選擇權：依目前標的資產價格來履約，有產生獲利。
  (2)價平選擇權：依目前標的資產價格來履約，無獲利（獲利為零）。
  (3)價外選擇權：依目前標的資產價格來履約，有虧損。

3.在衍生金融商品中，選擇權的組成是較為複雜，下面將依照細節介紹：
  (1)選擇權的分類
    A.買權（Call）：在特定時間有權利買進標的商品，又分為「買進買權（Long Call）」與「賣出買權（Short Call）」。
    a.買入買權（Long Call）：對市場趨勢看漲，而且希望未來將以低於市價的價格買入標的物。

> **💲 知識補給站**
>
> 選擇權又可以透過履約期限來分為美式選擇權、歐式選擇權。
> (1)美式選擇權：買方有權在合約到期前任何一天行使權利。
> (2)歐式選擇權：買方必須在合約到期日當日才可以行使權利。

買入買權（Long Call）

最大獲利	無限
最大風險	權利金（Pc）
進場時機	認為指數上揚
進場成本	權利金
損益兩平點	權利金＋履約價（Kc）

    b.賣出買權（Short Call）：對市場趨勢預期下跌，但是跌幅不大。

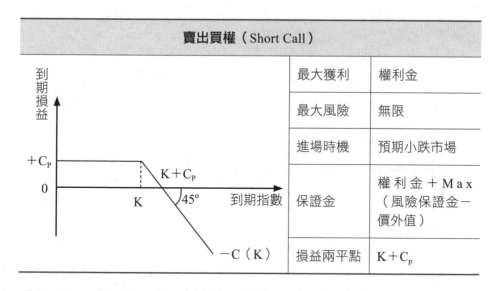

賣出買權（Short Call）		
	最大獲利	權利金
	最大風險	無限
	進場時機	預期小跌市場
	保證金	權利金＋Max（風險保證金－價外值）
	損益兩平點	K＋C$_p$

B. 賣權（Put）：在特定時間有權利賣出標的商品，又分為「買進賣權（Long Put）」與「賣出賣權（Short Put）」。

　　a.買進賣權（Long Put）：對市場趨勢看跌，而且希望未來已高於市價的價格賣出標的物。

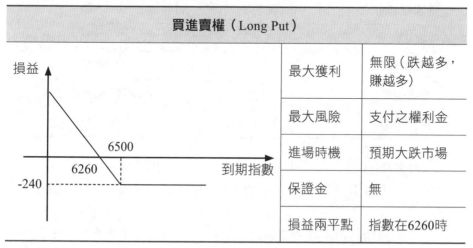

買進賣權（Long Put）		
	最大獲利	無限（跌越多，賺越多）
	最大風險	支付之權利金
	進場時機	預期大跌市場
	保證金	無
	損益兩平點	指數在6260時

　　b.賣出賣權（Short Put）：對市場預期上漲，但是漲幅不大。

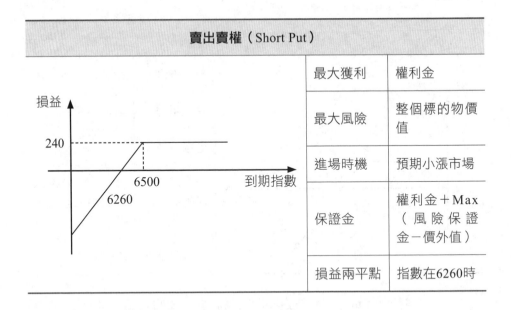

賣出賣權（Short Put）		
	最大獲利	權利金
	最大風險	整個標的物價值
	進場時機	預期小漲市場
	保證金	權利金＋Max（風險保證金－價外值）
	損益兩平點	指數在6260時

在選擇權的買賣方之間，可透過下表來比對兩者立場與獲益：

	買方	賣方
進場權利金	支付	收取
平倉權利金	收取	支付
保證金	無	需繳交
獲利空間	無限	權利金收入
操作策略	市場大漲、大跌	市場小漲、小跌

(2)選擇權的價值：分為「內含價值」與「時間價值」。

　　A.內含價值：當選擇權為價內選擇權時，其價差以絕對值計算即為內含價值，也就是說內含價值最小值為0，不可能為負數。

　　B.時間價值：在選擇權到期以前，都有可能產生價值的變化，於是當選擇權權利金超過內含價值的部分即為時間價值。（價平及價外選擇權的權利金）

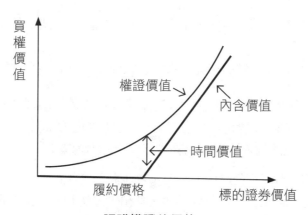

認購權證的價值

(3) 選擇權的影響因素：又可分為對「買權」與「賣權」的差異。

	買權權利金	賣權權利金
標的資產現貨價格增加	增加	減少
標的資產波動率增加	增加	增加
契約到期期間增加	增加	增加
契約的履約價格增加	減少	增加
無風險利率水準增加	增加	減少

三、 期貨的投資實務

期貨的投資的步驟如下圖：

開戶 ▶ 繳交保證金 ▶ 委託交易 ▶ 結算

(一) **開戶**：需填妥開戶申請書與信用調查表、受託契約書、風險評估等文件，由期貨商審核。
(二) **繳交保證金**：期貨的買賣雙方都得繳納，採固定比率。若是選擇權則只有賣方需要繳納。

(三)**委託交易**：得書面、當面、語音、電話、網路等方式委託期貨商在期貨
　　交易所進行交易。

(四)**結算**：每日結算、到期結算衍生性金融商品的價值。

選擇權的價值就是時間價值+內含價值，假如市場價值現為1,000元，我們
買進一檔950元的購買權利，那麼如果現在就履約這個價格，則我們賺到了
1,000－950=50元的價差，這50元就是選擇權的內含價值。

損益計算：（賣出價－買進價）×每單位（點）金額
假設現在一單位50元，買進單位是30，賣出單位是80，則交易損益為：
（80－30）×50=2,500

狀況舉例：
假設現有台指期的買權，履約價格為5,500點，而權利金報價250點。
（1點=50元。）

問題1　若台指期跌至5,200點，**請問該買權的履約價值是多少？**

答　由於指數低於履約價值，此時該買權的履約價值為0。

問題2　若台指期漲至6,500點，**請問該買權的履約價值是多少？**

答　[(6,500點－5,500點)×$50]=50,000元。

問題3　投資該買權的損益兩平點在何處？

答　履約價格5,500點，再加上權利金250點，台指期需漲至5,750點才打平。

重點 **3** 短期投資及信用工具 ★

依照活用的範圍和使用目的之不同，短期投資的金融工具可分為存款、貨幣市場工具、貨幣市場基金、保本型投資定存這四種分類。而信用工具則分為信用卡、小額信貸、理財型房貸這三種分類。

考點速攻

相對債券、基金、股票、衍生性金融商品的複雜度，短期投資及信用工具較為簡單且大多為觀念題，僅需多了解該金融工具的特性及定義即可。

一、 短期投資工具

(一)**存款**：定期存款的利率比活期存款來的高。

存款類別	存款時間	存款適用對象	內容說明
活期存款	隨時存、隨時提	自然人、法人、一般行號團體	以1元為起存點，無存款上限，依牌告利率採機動按日計息，每半年結息一次，最低起息額為新台幣1萬元。
活期儲蓄存款	隨時存、隨時提	自然人、非營利法人	以1元為起存點，無存款上限，依牌告利率採機動按日計息，**利率比活期存款高**，每半年結息一次，最低起息額為新台幣5,000元。
定期存款	最少1個月、最長3年	自然人、法人、一般行號團體	單利計算，按月計息或存款到期一次領回本金＋利息，可辦理質押借款。

存款類別	存款時間	存款適用對象	內容說明
定期儲蓄存款	1年、13個月、2年、3年	自然人、非營利法人	按月、年貨存款到期一次領回本金＋利息，可辦理質押借款。 而存款方式又可分為： 1.零存整付：每月固定存款，在約定日期一次取回本利和。 2.整存整付：以複利計息，到期一次領本利和。 3.整存零取：約定總存款期限，開戶時本金一次存入，而後固定期限分次支取本金。 4.存本取息：約定總存款期限，開戶時本金一次存入，而後固定期限分期支取利息。（5,000元起才可存）
支票存款	一般為10天	自然人、法人、一般行號團體	不予計息
證券存款	—	自然人、法人、一般行號團體	依牌告利率採機動按日計息，每半年結息一次，最低起息額比照各銀行機構的活期（儲蓄）存款條件。
可轉讓定存單	最短1個月，最長1年	自然人、法人、一般行號團體	可選擇記名或無記名、自由流通轉讓。中途不可提取本金獲利息，有多種面額可選（10萬元～1億元），可辦理質押借款、可出售給票券公司，除有資本利得空間外，其利息採10%分離課稅。
綜合存款	—	自然人、非營利法人	將活期（儲蓄）存款、定期（儲蓄）存款、質借功能整合在一起。

註：部分銀行有不同計息金額。

(二)**貨幣市場工具**：主要為貨幣市場提供短期資金的轉移，多為1年內之工具，又可稱為「資金借貸市場的交流」。

1. **國庫券**：由政府因籌措資金而發行的短期債券。

   (1)**甲種**：財政部按面額發行，到期償還本金＋利息，為調節國庫。

   (2)**乙種**：中央銀行按貼現發行，到期償還本金，為穩定金融市場。

> 商業本票的發行，若是融資性商業本票需有金融機構的簽證才可發行。而投資商業本票的利息所得，採20%分離課稅。簽證手續費和承銷手續費最低為200與2,000元。

2. **商業本票**：具有規模之單位為滿足流動資金需求而發行。

   (1)**交易性商業本票**：因交易而產生、隨交易完成而清償。

   (2)**融資性商業本票**：因應季節性融資而發行，在市場上流通。

$$手續費＝發行面額×費率×\frac{實際發行天數}{365}$$

3. **可轉讓定期存單**：利率由銀行自訂，不受中央銀行最高上限利率之限制，採分離課稅10%。

4. **附買回、賣回交易**：由金融機構簽發。

   (1)附買回協議交易（RP）：先將證券／債券賣給投資人，約定在未來特定日期，以高於原本售價的價格買回證券／債券。（1天～1年）

   (2)附賣回協議交易（RS）：向證券持有人購買證券／債券，約定在未來特定日期，以特定價格賣回給原持有人。

(三)**貨幣市場基金**：是指投資貨幣市場中短期有價證券的開放式基金，大多為1年以內，平均約為120天。

1. 違約率低、風險低。

2. 流動性高、購買意願強。

3. 到期期限短，避免資金閒置。

4. 投資成本較低。

5. 基金資產淨值固定。

(四)**保本型投資定存**：因投資環境欠佳，投資人大多趨於保守，此金融工具僅損失部分本金或固定收益之利息。

1. **保本率**：保證本金的比率，若80%代表未來可領回本金的80%。

2. **參與率**：代表投資組合內衍生性金融商品的比率，若40%則代表此投資組合有40%的衍生性金融商品。

到期收益率＝

$$本金 \times 保本率 + 本金 \times 參與率 \times \frac{投資期末價值 - 投資期初價值}{投資期初價值}$$

二、信用工具

先獲得商品、服務後才支付價金。

(一) **信用卡**：使用上有寬限期、循環利率（民法上限20%），而部分信用卡有年費，最低繳款金額為消費額5%（1,000元）。

觀念理解

寬限期是從消費當日至消費開始計息之時間，若信用卡持有人未在最後繳款日繳最低金額的款項，則會收取違約金，通常為利息的10%或固定金額。

✔ 優點	✘ 缺點
延遲付款、資金周轉	循環利息高
擁有消費紅利、折扣、點數優惠	容易使人過度消費
臨時應急、免帶現金	掉卡或盜刷
安全方便	因付不起款項而揹債
附贈保險	不當使用將影響信用評分紀錄

(二) **小額信貸**：以個人在聯徵中心的信用評分而核准貸款，不用抵押品。

1. **個人實支型信用貸款**：根據年薪倍數核定貸款額度，分期還款，利率比抵押型房貸略高，通常不超過5年。

考點速攻

小額信貸的申請條件為20歲以上且能提出財力證明，大多為年薪的七成，分1~3年還款。

2. **機關團體員工消費性貸款**：3～6人連保，利率優惠，大多公教人員、大企業員工。

3. **個人設定額度型信用貸款**：設定額度、隨借隨還，利率高於個人實支型信用貸款。

(三)**理財型房貸**：以房地產為抵押品向金融機構貸款，以轉換可運用資金

1. 設定抵押額度後，可隨借隨還，提前償還也不需支付違約金，利率高於傳統型房貸。

2. 按日計息，動用時不用通知銀行，不動用時不計算利息，抵押設定為每年續約，作業成本略高。

3. 運用時間不宜過長，投資標的應以短、中期金融工具為佳，且報酬率要大於貸款利率才適宜。

4. 可與傳統型房貸同時進行，當房屋可貸金額大於所需貸款金額，則多餘空間則為理財型房貸的部分。

牛刀小試

( ) **1** 下列何者非屬於股票的技術分析方式？ (A)移動平均線 (B)KD值 (C)K線分析 (D)總體經濟分析。

( ) **2** 關於股票投資實務，下列何者描述有誤？ (A)若是上漲幅度大於股票前一天收盤價的10%，則稱為漲停板 (B)普通股的交易，最低得買999股 (C)股票的一般交易時間從上午八點半開始 (D)盤後交易時間為下午兩點至兩點半。

( ) **3** 若選擇權的履約價格低於標的物價格時，又稱為何種選擇權？ (A)價內選擇權 (B)價平選擇權 (C)價外選擇權 (D)以上皆非。

( ) **4** 下列何種選擇權買賣策略，適合在市場趨勢大幅下跌時進行？ (A)買進買權 (B)買進賣權 (C)賣出買權 (D)賣出賣權。

( ) **5** 下列何者的利率可能比個人實支型信用貸款來的高？ (A)機關團體員工消費貸款 (B)理財型房貸 (C)個人設定額度型信用貸款 (D)信用卡循環利率。

解答 **1** (D) **2** (B) **3** (A) **4** (B) **5** (C)

精選範題

( ) **1** 下列何者屬於衍生性金融商品？
(A)股票 　　　　　　　　(B)指數型基金
(C)債券 　　　　　　　　(D)股價指數期貨。

( ) **2** 對股票進行基本分析，下列描述何者正確？
(A)當景氣燈號為藍燈時，代表景氣不佳
(B)若利率下跌，可以降低投資人的投資成本
(C)當威廉指標＞80時，市場超賣、股票行情即將見底
(D)以上皆是。

( ) **3** 何種金融商品的標的物與價格不是呈現線性相關的關係？
(A)股票 　　　　　　　　(B)期貨
(C)選擇權 　　　　　　　(D)以上皆是。

( ) **4** 下列何者是買方可以在到期前任意時間進行履約的選擇權？
(A)歐式選擇權 　　　　　(B)美式選擇權
(C)價內選擇權 　　　　　(D)價外選擇權。

( ) **5** 對於產業發展的四種模式，下列何者描述有誤？
(A)萌芽期的產業競爭對手眾多，門檻過高
(B)萌芽期的產業只有少數公司可以存活發展
(C)衰退期的產業所創之產品供過於求，沒有競爭力
(D)成熟期的產業進入標準化生產，需要新的技術突破。

( ) **6** 對於買權與賣權的權利金影響，下列何者的影響對這兩者相同？
(A)標的物資產波動程度增加 　(B)無風險利率水準增加
(C)契約的履約價格增加 　　　(D)標的物現貨價格增加。

( ) **7** 下列何種產業屬於景氣抗循環的產業之一？
(A)汽車工業 　　　　　　(B)電腦軟體業
(C)科技業 　　　　　　　(D)食品業。

( ) **8** 當標的物現貨價格增加,對選擇權中的賣權權利金會有何種影響?
(A)增加 (B)減少
(C)持平 (D)以上皆否。

( ) **9** 股價指數為5,750,而當日移動平均值為5,634,請計算出題目中的乖離率應為多少?(取最接近值)
(A)1.9% (B)2.1% (C)2.5% (D)3.9%。

( ) **10** 老王花了300萬元買了保本型投資定存商品,保本率85%,請問老王最少可以拿回多少本金?
(A)300萬元 (B)255萬元
(C)240萬元 (D)200萬元。

( ) **11** 選擇權的何種交易,可以不用支付保證金?
(A)買入指數期貨 (B)買入商品期貨
(C)買進指數選擇權 (D)買ETF基金。

( ) **12** 下列何種變化會使標的物買權的權利金增加?
(A)契約到期日即將到期
(B)黃金期貨價格下跌
(C)市場利率下跌
(D)白銀期貨價格波動幅度增加。

( ) **13** 下列何者為股票交易需要支付的費用?
(A)證券開戶手續費 (B)股票交割費用
(C)證券營業稅 (D)證券交易稅。

( ) **14** 關於交換契約(Swap)之敘述,下列何者不正確?
(A)屬於標準化契約
(B)需兩個或兩個以上的機構相互交易
(C)可以交換利率
(D)可約定任意時間交割。

( ) **15** 當股市出現下列何種情況時,K線分析法將以十字線的圖示表達?
(A)開盤價=收盤價 (B)開盤價=最低價
(C)開盤價=最高價 (D)開盤價<收盤價。

( ) **16** 下列何者關於普通股票的描述有誤？
(A)優先參與分配股息
(B)與公司一同承擔經營盈虧
(C)有表決和發言權
(D)若公司倒閉，分配順序最後。

( ) **17** 若買進股票買權，當時價格為30元、履約價格為28元，假設到期
之後的股價有可能為22元，且此買權到期日才可以履行，則投資
人應會執行何種動作，這種選擇買權又屬於何種？
(A)投資人不會執行，此種為美式選擇權
(B)投資人會執行，此種為美式選擇權
(C)投資人不會執行，此種為歐式選擇權
(D)投資人會執行，此種為歐式選擇權。

( ) **18** 現有一檔股票的選擇權賣權權利金為2元，到期後的股價為25
元，投資結果為損益兩平，則買入賣權的履約價格應為多少？
(A)23元 (B)25元 (C)27元 (D)30元。

( ) **19** 下列何種衍生性金融商品有標準化契約的特性？
(A)期貨契約 (B)選擇權 (C)交換契約 (D)遠期契約。

( ) **20** 關於金融期貨的標的範圍，下列何者不是？
(A)股票指數 (B)利率
(C)匯率 (D)黃金。

( ) **21** 在投資期貨的期間，若遇到追繳保證金的情況，投資人應最少補
齊維持保證金至原始保證金的多少比率？
(A)55% (B)65% (C)75% (D)85%。

( ) **22** 下列何種股價數據會使K線為十字線的呈現方式？（選項數字依
序為開盤價、最高價、最低價、收盤價）
(A)22.5元、30元、19元、25元
(B)15元、25.2元、17元、20.3元
(C)52.3元、60元、50.4元、52.3元
(D)31.4元、35元、30元、32.1元。

( ) **23** 股票交易有分好幾個時段,請問關於盤後交易的描述,何者正確?
(A)盤後交易時間為2點至2點半
(B)盤後交易是以普通股的最高價格來進行交易
(C)盤後交易最低得交易1股
(D)以上皆是。

( ) **24** 在艾略特的波浪理論裡面,指出在市場趨勢下跌時的賣出時機應該在哪一段?
(A)第一波段　　　　　　(B)第五波段
(C)第a波　　　　　　　(D)第b波。

( ) **25** 小明在今日研究了A公司,對於A公司的股票市場趨勢不看好,但又怕自己研究有誤,那麼請問小明可以進行何種投資策略來降低投資失利的風險?
(A)購買A公司股票且買入A公司股票的買權
(B)購買A公司股票且買入A公司股票的賣權
(C)放空A公司股票且買入A公司股票的賣權
(D)放空A公司股票且買入A公司股票的買權。

( ) **26** 愛樂公司的公司淨值為6,500,000元,在市場上流通著500,000股,股價淨值比為15,那麼愛樂公司的股票合理價格應該為多少?
(A)182元　(B)130元　(C)195元　(D)165元。

( ) **27** 關於選擇權的描述,下列何者不正確?
(A)選擇權的標的物資產報酬與商品呈現曲線關係
(B)選擇權買方的風險僅有支付權利金之損失而以
(C)選擇權賣方承擔了履約風險,所以可要求買方一定得執行權利
(D)價外選擇權的真實價值為內含價值。

( ) **28** 對於國庫券的描述,下列何者正確?
(A)國庫券分為甲、乙、丙三種
(B)調節貸款收入是國庫券的作用
(C)甲種國庫券採貼現發行、償還本金
(D)國庫券為政府委託中央銀行發行的短期債券憑證。

(　　) **29** 若是公司想要成為上櫃股票，需要滿足下列何種條件？
(A)在店頭市場交易滿三年
(B)經兩家以上證券商推薦
(C)經三家以上證券商簽約輔導，一家為主輔導
(D)實收資本額達三億元以上。

(　　) **30** 若有一檔選擇權賣權的履約價格為22元，現貨價格為30元，那麼價內價值應為多少？
(A)8元 　　　　　　　　　(B)5元
(C)3元 　　　　　　　　　(D)0元。

(　　) **31** 股票的技術分析中，幾項常用的技術指標之描述，下列何者正確？
(A)K線又可分為陰陽線，還有以十字線來表示
(B)KD值又稱為強弱指標
(C)RSI為股票的乖離率指數
(D)艾略特的波浪理論可分為三小波五大波。

(　　) **32** 阿Q今日在期貨市場中交易了一口股票指數的契約，履約價格為3,000點，那麼這口期貨契約的價值應為多少元？
(A)300萬元 　　　　　　　(B)150萬元
(C)80萬元 　　　　　　　　(D)60萬元。

(　　) **33** 有關理財型房貸的操作與作用，下列何者描述正確？
(A)理財型房貸在設定抵押的有效期限內，每年自動續約
(B)理財型房貸可長期進行，適用長期投資標的
(C)理財型房貸與傳統房貸不可並用
(D)按月計息，利率比傳統房貸低。

(　　) **34** 在衍生性金融商品中交換契約（Swap）可交換的範圍，下列何者不是？
(A)貨幣 　　　　　　　　　(B)利率
(C)保證金 　　　　　　　　(D)權益。

( ) **35** 下列何者不是核發信用卡會評估的資訊？
(A)保險費遲繳　　　　　　(B)貸款遲繳
(C)個人所得　　　　　　　(D)工作穩定性。

( ) **36** 若乖離率推測出來為15%，而當日股價為28元，則平均股價應為多少？
(A)30元　　　　　　　　　(B)28.2元
(C)24.3元　　　　　　　　(D)22元。

( ) **37** 對於信用卡的使用須知，下列何者不正確？
(A)信用卡的循環利率最高為18%
(B)可延遲結帳日後繳款，非當下付
(C)若是在最後結帳日沒有繳交最低金額，銀行可收取違約金
(D)寬限期是指從消費當日開始至消費計息之時間。

( ) **38** 若一單位的保本型投資定存商品，有35%的參與率，則衍生性金融商品應為多少單位？
(A)0.8單位　　　　　　　(B)0.75單位
(C)0.5單位　　　　　　　(D)0.35單位。

( ) **39** 貨幣市場基金的風險與違約率都較其他金融商品低，這是因為？
(A)發行者信用良好　　　　(B)收益率高
(C)基金經理人表現優秀　　(D)票券到期期限短。

( ) **40** 貨幣市場的工具，不包含下列何種範圍？
(A)國庫券　　　　　　　　(B)信用卡
(C)交易性商業本票　　　　(D)可轉讓定存單。

解答與解析

1 (D)　**2** (D)　**3** (C)　**4** (B)

5 (A)　**6** (A)　**7** (D)　**8** (B)

9 (B)。[股價指數－當日移動平均值]／當日移動平均值，所以[5,750－5,634]／5,634＝2.05%，最接近值為2.1%，故答案為(B)。

10 (B)。300萬元×85%＝255萬元。

11 (C)　**12** (D)　**13** (D)　**14** (A)

15 (A)　**16** (A)　**17** (C)

18 (C)。因為到期後結算的投資結果為損益兩平，所以履約價格應為股價25元＋2元權利金＝27元，才算是投資不賺也不虧。

19 (A)　**20** (D)　**21** (C)

22 (C)。開盤價＝收盤價，K線會呈現十字線，故答案為(C)。

23 (A)　**24** (D)

25 (D)。對於A公司股票不看好，可以進行放空來期待股票下跌而獲利，但是害怕A公司股票有可能會有上漲的空間，便買入買

權，使自己有權利在開始上漲的價格執行購買股票的權利。

26 (C)。淨值／股數×淨值比，所以650萬／50萬×15＝195元。

27 (C)　**28** (D)　**29** (B)

30 (D)。因現貨價格＞履約價格，故無價內價值，而價內價值最小值為0。

31 (A)

32 (D)。期貨契約的一口單位為200元，故3,000點×200元＝60萬元。

33 (A)　**34** (C)

35 (A)。保險費與信用卡無直接關係，而貸款、工作是否穩定、還有個人所得高低，都會影響是否核發信用卡，以及核發的額度高低。

36 (C)。乖離率15%＝[28元－平均股價]／平均股價，故平均股價為24.3元。

37 (A)　**38** (D)　**39** (D)　**40** (B)

Day 04 認識保險與信託、組合式金融商品

重點 1 保險的運用 ★

因為對未來的不確定，可能面臨的損失和危險就稱為風險，而保險便是為了轉嫁風險、降低風險的損失，在法律和經濟學意義上，是種風險管理方式，主要用於經濟損失的風險。

一、 保險的特性

(一)共同集資、以合理的計算做為經濟補償的制度。

(二)轉移風險。

(三)是一種無形的商品。

(四)交易具有承諾性、機會性。

(五)每年所得稅可列扣除額24,000元。

二、 保險的種類

在保險的商品範圍中，可分為人身保險、財產保險兩大類，而這其中又可以再細分小分類，如下：

(一)**人身保險**

  1.**人壽保險**：轉嫁風險為被保險人的生存、死亡風險。

    (1)**生存保險**：又可稱為儲蓄險，當保險的有效期間滿期時，被保險人依然生存時，可領取生存保險金，但若被保險人在有效期間內死亡，此保險無給付。

觀念理解

定期壽險設有定期時限，在有效期間內若無事故，則保險公司不需理賠也不需退還保費。

(2) **死亡保險**：被保險人死亡的時候，受益人可領取死亡身故保險金，分為定期壽險、終身壽險，而終身壽險有現金價值，有些保險公司提供保單貸款。

(3) **生死合險（混合保險／養老保險）**：也可稱為混合儲蓄險，被保險人在約定期間內生存或死亡，保險公司都給付保險金。此種保險是人壽保險中價格最高昂的險種，還可以當作退休、投資工具，此種保險也有現金價值，部分保險公司提供保單貸款。

考點速攻

現行保險市場部分生存、死亡、生死合險都可能含有失能保險金的給付，以保險金額×失能等級的給付比例來給付失能保險金。

類別	險種設計	生存給付	死亡給付
多倍型	附加一個、多個單位同樣保額，為平準型定期保險。	保單到期時領取原保額的生存保險金。	若附加一個保額，則當被保險人死亡時，受益人可領2倍保額的保險金。
增額分紅型	每年以單利或複利的方式，使保單金額（價值）增值	被保險人在滿期後仍生存，以增值後的生存保險金額給付保險金。	被保險人在保險期間內死亡，以增值後的死亡保險金額給付受益人保險金。
養老終身型	可分為短期、長期，短期適合目的性籌措資金；長期則為退休準備、或遺留給受益人。	滿期時給付生存保險金。	死亡時給付受益人死亡保險金。
還本型終身保險	作為固定現金流生存保險，每年給付生存保險金，死亡時也給付身故保險金，以達到還本之目的。	每年按照保額計算約定比例給付生存保險金。	被保險人在保險期間內死亡時，受益人領取死亡保險金。

雖然人壽保險是轉嫁風險，但仍有除外責任的範圍，也就是以下項目保險公司不理賠：

(1)受益人、要保人故意致被保險人死亡。

(2)被保險人自殺、自殘。

(3)被保險人因犯罪、拒捕、越獄而被處死或殘廢。

2.**投資型保險**：結合保險保障與金融投資的功能，保險公司收取的保費帳戶分離且透明，此種保險投資風險程度高，自行負擔投資風險。

	變額壽險	變額年金	萬能壽險
保險金額	不固定	不固定，沒有壽險保額	不固定
繳費方式	固定繳費	彈性繳費	彈性繳費
繳別選擇	躉繳或分期繳	躉繳或分期繳、彈性繳費	躉繳或分期繳、彈性繳費
給付內容	死亡給付保險金隨實際投資績效變動。	死亡給付保險金隨實際投資績效變動。	在約定的時間，按照約定分為一次提領，或按年、月發放保單價值。
保單帳戶價值	持有人可自行操作，保險金額隨帳戶價值變動。	持有人可自行操作，保險金額隨帳戶價值變動。	投保時即選定投資標的，約定期間開始累積保單帳戶價值，隨實際績效變動。

3.**年金保險**：通過一定期間來累積保險契約的價值，然後到期後一次或分期給付。

　(1)**即期年金**：躉繳型契約，簽訂後保險公司隨即在期末給付年金。

　(2)**遞延年金**：契約簽訂後須經過一定時間，當約定年齡或累積期間滿期後，分為一次或分次給付。

觀念理解

年金保險的「生存給付期間」是指以被保險人生存為條件，在此期間給付保險金；「保證給付期間」則是不論被保險人是否生存，都按此期間給付。

(3)**利率變動型年金**：為抵抗幣值下跌的波動風險，保證最低利率。

(4)**變額型年金**：每期給付金額可能因通貨膨脹或其他預定投資因素影響。

4.**健康保險**：保險契約保障被保險人因罹患疾病或遭受意外傷害而進行醫療行為的財務支出風險。

(1)**住院醫療**：分為日額型、實支實付型住院醫療。

(2)**癌症保險**：因罹患癌症而進行住院、手術、等特殊醫療。

(3)**重大疾病保險**：針對7項重大疾病而保障的險種。

(4)**長期看護保險**：因疾病或意外造成、專業醫師診斷，終身符合生理／心智障礙之情形，給付看護或輔具支出。

(5)**失能保險**：因疾病或意外導致1～11級失能，保險公司給付保險金，這也可以說是一種工作能力喪失的保障險種。

健康險的除外責任範圍：

(1)受益人、要保人、被保險人的故意行為。

(2)被保險人的犯罪行為（包含酒後駕車）。

(3)戰爭、內亂、武裝變亂。

(4)因原子或核子能裝置造成的爆炸、灼熱、輻射或汙染。

5.**傷害保險**：此保險契約是轉嫁因遭受意外事故導致受傷或死亡而產生的財務損失。

(1)**意外傷害險**：保障被保險人因意外事故受傷、死亡，給付內容含有身故金、實支實付、住院保險金、失能保險金等。

失能保險金則按照被保險人符合表訂的失能程度，按級數比例計算後給付一次金或按月、年給付的扶助金。

失能程度與保險金給付表

項目	項次	失能程度	失能等級	給付比例
1 神經	神經障害	1-1-1	中樞神經系統機能遺存極度障害，包括植物人狀態或氣切呼吸器輔助，終身無工作能力，為維持生命必要之日常生活活動，全須他人扶助，經常需醫療護理或專人周密照護者。	1	100%

項目		項次	失能程度	失能等級	給付比例
1 神經	神經障害	1-1-2	中樞神經系統機能遺存高度障害，須長期臥床或無法自行翻身，終身無工作能力，為維持生命必要之日常生活活動之一部分須他人扶助者。	2	90%
		1-1-3	中樞神經系統機能遺存顯著障害，終身無工作能力，為維持生命必要之日常生活活動尚可自理者。	3	80%
		1-1-4	中樞神經系統機能遺存障害，由醫學上可證明局部遺存頑固神經症狀，且勞動能力較一般顯明低下者。	7	40%
		1-1-5	中樞神經系統機能遺存障害，由醫學上可證明局部遺存頑固神經症狀，但通常無礙勞動。	11	5%
2 眼	視力障害	2-1-1	雙目均失明者。	1	100%
		2-1-2	雙目視力減退至0.06以下者。	5	60%
		2-1-3	雙目視力減退至0.1以下者。	7	40%
		2-1-4	一目失明，他目視力減退至0.06以下者。	4	70%
		2-1-5	一目失明，他目視力減退至0.1以下者。	6	50%
		2-1-6	一目失明者。	7	40%
3 耳	聽覺障害	3-1-1	兩耳鼓膜全部缺損或兩耳聽覺機能均喪失90分貝以上者。	5	60%
		3-1-2	兩耳聽覺機能均喪失70分貝以上者。	7	40%
4 鼻	缺損及機能障害	4-1-1	鼻部缺損，致其機能永久遺存顯著障害者。	9	20%
5 口	咀嚼吞嚥及言語機能障害	5-1-1	永久喪失咀嚼、吞嚥或言語之機能者。	1	100%
		5-1-2	咀嚼、吞嚥及言語之機能永久遺存顯著障害者。	5	60%
		5-1-3	咀嚼、吞嚥或言語構音之機能永久遺存顯著障害者。	7	40%

項目		項次	失能程度	失能等級	給付比例
6 胸腹部臟器	胸腹部臟器機能障害	6-1-1	胸腹部臟器機能遺存極度障害,終身不能從事任何工作,經常需要醫療護理或專人周密照護者。	1	100%
		6-1-2	胸腹部臟器機能遺存高度障害,終身不能從事任何工作,且日常生活需人扶助。	2	90%
		6-1-3	胸腹部臟器機能遺存顯著障害,終身不能從事任何工作,但日常生活尚可自理者。	3	80%
		6-1-4	胸腹部臟器機能遺存顯著障害,終身只能從事輕便工作者。	7	40%
	臟器切除	6-2-1	任一主要臟器切除二分之一以上者。	9	20%
		6-2-2	脾臟切除者。	11	5%
	膀胱機能障害	6-3-1	膀胱機能完全喪失且無裝置人工膀胱者。	3	80%
7 軀幹	脊柱運動障害	7-1-1	脊柱永久遺存顯著運動障害者。	7	40%
		7-1-2	脊柱永久遺存運動障害者。	9	20%
8 上肢	上肢缺損障害	8-1-1	兩上肢腕關節缺失者。	1	100%
		8-1-2	一上肢肩、肘及腕關節中,有二大關節以上缺失者。	5	60%
		8-1-3	一上肢腕關節缺失者。	6	50%
	手指缺損障害	8-2-1	雙手十指均缺失者。	3	80%
		8-2-2	雙手兩拇指均缺失者。	7	40%
		8-2-3	一手五指均缺失者。	7	40%
		8-2-4	一手包含拇指及食指在內,共有四指缺失者。	7	40%
		8-2-5	一手拇指及食指缺失者。	8	30%
		8-2-6	一手包含拇指或食指在內,共有三指以上缺失者。	8	30%

項目		項次	失能程度	失能等級	給付比例
8 上肢	手指缺損障害	8-2-7	一手包含拇指在內，共有二指缺失者。	9	20%
		8-2-8	一手拇指缺失或一手食指缺失者。	11	5%
		8-2-9	一手拇指及食指以外之任何手指，共有二指以上缺失者。	11	5%
	上肢機能障害	8-3-1	兩上肢肩、肘及腕關節均永久喪失機能者。	2	90%
		8-3-2	兩上肢肩、肘及腕關節中，各有二大關節永久喪失機能者。	3	80%
		8-3-3	兩上肢肩、肘及腕關節中，各有一大關節永久喪失機能者。	6	50%
		8-3-4	一上肢肩、肘及腕關節均永久喪失機能者。	6	50%
		8-3-5	一上肢肩、肘及腕關節中，有二大關節永久喪失機能者。	7	40%
		8-3-6	一上肢肩、肘及腕關節中，有一大關節永久喪失機能者。	8	30%
		8-3-7	兩上肢肩、肘及腕關節均永久遺存顯著運動障害者。	4	70%
		8-3-8	兩上肢肩、肘及腕關節中，各有二大關節永久遺存顯著運動障害者。	5	60%
		8-3-9	兩上肢肩、肘及腕關節中，各有一大關節永久遺存顯著運動障害者。	7	40%
		8-3-10	一上肢肩、肘及腕關節均永久遺存顯著運動障害者。	7	40%
		8-3-11	一上肢肩、肘及腕關節中，有二大關節永久遺存顯著運動障害者。	8	30%
		8-3-12	兩上肢肩、肘及腕關節均永久遺存運動障害者。	6	50%
		8-3-13	一上肢肩、肘及腕關節均永久遺存運動障害者。	9	20%

項目		項次	失能程度	失能等級	給付比例
8 上肢	手指機能障害	8-4-1	雙手十指均永久喪失機能者。	5	60%
		8-4-2	雙手兩拇指均永久喪失機能者。	8	30%
		8-4-3	一手五指均永久喪失機能者。	8	30%
		8-4-4	一手包含拇指及食指在內，共有四指永久喪失機能者。	8	30%
		8-4-5	一手拇指及食指永久喪失機能者。	11	5%
		8-4-6	一手含拇指及食指有三手指以上之機能永久完全喪失者。	9	20%
		8-4-7	一手拇指或食指及其他任何手指，共有三指以上永久喪失機能者。	10	10%
9 下肢	下肢缺損障害	9-1-1	兩下肢足踝關節缺失者。	1	100%
		9-1-2	一下肢髖、膝及足踝關節中，有二大關節以上缺失者。	5	60%
		9-1-3	一下肢足踝關節缺失者。	6	50%
	縮短障害	9-2-1	一下肢永久縮短五公分以上者。	7	40%
	足趾缺損障害	9-3-1	雙足十趾均缺失者。	5	60%
		9-3-2	一足五趾均缺失者。	7	40%
	下肢機能障害	9-4-1	兩下肢髖、膝及足踝關節均永久喪失機能者。	2	90%
		9-4-2	兩下肢髖、膝及足踝關節中，各有二大關節永久喪失機能者。	3	80%
		9-4-3	兩下肢髖、膝及足踝關節中，各有一大關節永久喪失機能者。	6	50%
		9-4-4	一下肢髖、膝及足踝關節均永久喪失機能者。	6	50%
		9-4-5	一下肢髖、膝及足踝關節中，有二大關節永久喪失機能者。	7	40%
		9-4-6	一下肢髖、膝及足踝關節中，有一大關節永久喪失機能者。	8	30%

項目		項次	失能程度	失能等級	給付比例
9下肢	下肢機能障害	9-4-7	兩下肢髖、膝及足踝關節均永久遺存顯著運動障害者。	4	70%
		9-4-8	兩下肢髖、膝及足踝關節中,各有二大關節永久遺存顯著運動障害者。	5	60%
		9-4-9	兩下肢髖、膝及足踝關節中,各有一大關節永久遺存顯著運動障害者。	7	40%
		9-4-10	一下肢髖、膝及足踝關節均遺存永久顯著運動障害者。	7	40%
		9-4-11	一下肢髖、膝及足踝關節中,有二大關節永久遺存顯著運動障害者。	8	30%
		9-4-12	兩下肢髖、膝及足踝關節均永久遺存運動障害者。	6	50%
		9-4-13	一下肢髖、膝及足踝關節均永久遺存運動障害者。	9	20%
	足趾機能障害	9-5-1	雙足十趾均永久喪失機能者。	7	40%
		9-5-2	一足五趾均永久喪失機能者。	9	20%

(2)**旅行平安險**:保障被保險人在旅行、出差等過程中可能發生的意外事故,給付項目與一般傷害意外險相同,醫療則是依實支實付理賠。

傷害險的除外責任範圍:

(1)受益人、要保人、被保險人的故意行為。

(2)被保險人的犯罪行為(包含酒後駕車)。

(3)戰爭、內亂、武裝變亂。

(4)因原子或核子能裝置引起的爆炸、灼熱、輻射或汙染。

(二)**財產保險**:與人身保險相反,保障與被保險人有利益關係的資產、物品、責任等標的。

1.**海上保險**:包含漁船、貨物運輸、船體等與海運有關的風險。

2.**火災保險**:依投保場所分為住宅、商業火災保險。

3.**責任保險**:承保被保險人對第三人造成的責任損失。

4.**運輸保險**：轉嫁貨物從A地運送致B地過程中可能的風險。

5.**保證保險**：以信用風險為保障標的。

6.**其他財產保險**：除了上述外的範圍，像是骨董、藝術品等。

重點2 信託的運用 ★

用簡單的話來說明信託功能，就是A將資產委託給專業機構，約定好分配給B的方式，而此專業機構將依契約進行處分。也就是委託人要將財產權轉移，而受託人須為受益人的利益或特定目的，代為管理、處分此受信託的資產。

一、信託的特性

(一)**財產管理**：將資產交給專業人士處理，比起自己管來得省力又放心，同時透過專業管理，資產能有效地進行投資、增值，且還有年金型信託，可透過契約約定未來的給付金額與方式，高承諾性的使老年退休生活無虞。

委託人將財產全權委託受託人管理，是以委任關係，但不得對抗債權人。

(二)**照顧遺族**：解決遺族無人照顧的煩惱，可預先進行規劃和約定，即使信託機構破產或解散，契約仍有效，僅需變更受託人。

(三)**節省稅負**：信託有調節課稅的時間點，以及擁有折現計算的效果。

二、信託的種類

因為信託可解決的財務煩惱眾多，所以信託類別也眾多，最大的分類為公益信託、私益信託。

若委託人為本身之利益而設定，稱為「自益信託」；若是為第三人利益而設立，則稱為「他益信託」。

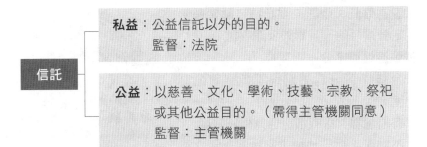

以下透過不同的領域來分類：

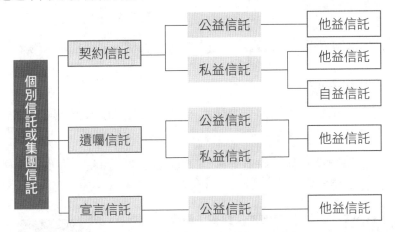

(一) 依委託人數量區分
1. **集團信託**：擁有多數委託人，集合投資的信託資金，定型化契約，依本金比例分配投資收益。
2. **準集團信託**：受益人為多數，同樣為集合投資的信託資金，依受益人權之比例享有信託受益權。
3. **個人信託**：單個委託人委託特定財產。

(二) 依設立的原因區分
1. **契約信託**：依據委託人和受託人之間的共識成立。
2. **遺囑信託**：依委託人所立的遺囑生效而發生效力（被繼承人死亡）。

觀念理解

與遺囑信託相反的還有「生前信託」，即生前就將財產交給信託機構管理。

3.**宣言信託**：委託人委託特定財產做特
定公益目的，且對外公開宣言。

(三)**依資產性質區分**

1.**金錢**：可分為指定或不指定營運範
圍。

2.**有價證券**：以有價證券為信託範圍。

3.**不動產**：以土地或定著物為委託之信
託標的。

4.**動產**：通常為汽車、航空器、電腦設
備等。

5.**其他權利**：債權、租賃權、地上權、專利權、著作權為標的。

觀念理解

信託又可以依據是否有
營業目的，分為「營業
信託」、「非營業信
託」，營業信託又稱為
商業信託；非營業信託
又稱為民事信託。

二、 信託的架構

一個信託契約的成立，需要有委託人、受託人與受益人，同時也還需要有
信託的財產。

委託人必須將財產移轉或將處分權利交給受託人，而受託人也得依信託的
宗旨來進行管理和處分。

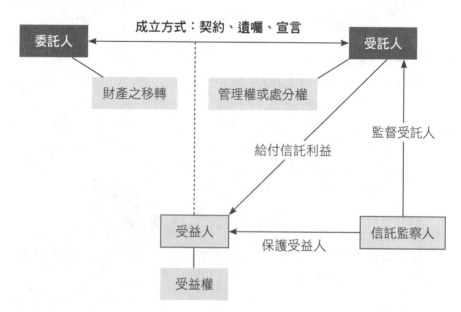

三、 信託的運用

在市場上有依照年齡階段的不同，而分為創業期、安家期、成熟期與退休期來進行信託的運用。

(一)**創業期（21～30歲）**：財富累積有限的期間，財務規劃以追求利益為主，可利用定期定額、分散投資組合的金錢信託來使資產增值。

(二)**安家期（31～40歲）**：此階段可能會迎來婚姻、子女，所以除了追求利益外，需規避生活風險，同時預先考慮子女的教育問題。

(三)**成熟期（41～50歲）**：資金充裕的人生階段，依個別家庭情況，較適合針對穩健投資，追求利益與風險的平衡。

(四)**退休期（51～60歲）**：主要為考慮退休金的累積與領用，可透過信託來管理老年的資產運用，同時提前規劃遺囑信託契約，解決剩餘財產的分配。

重點 **3** 金融商品與金融創新 ★

金融商品大多為金融工具的特性、種類進行延伸，大多為觀念的理解與背誦，可投資的標的，以及要承擔的風險與該承作的金融商品風險相同。

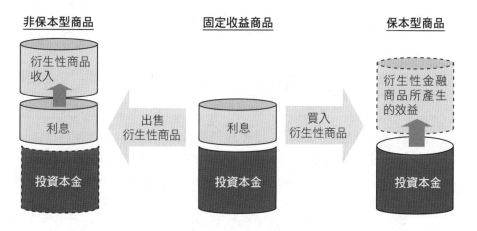

一、組合式商品

組合式商品又稱為結構型商品（SI），現今也可稱為「境內結構型商品」，為本國銀行以交易相對人身分與客戶承作的金融創新商品，是一種將固定收益商品，與選擇權、衍生性金融產品作結合的新型投資理財產品，有定存+衍生性金融商品；也有債券+選擇權商品等等，現今可將這種組合式商品分為保本與不保本兩大類型的商品分類。

(一)**保本型**：當組合式商品到期時，客戶可取回原本投資的幣別本金100%。賺取利益的方式是透過投資本金之孳息來從事相關衍生性金融商品交易。

(二)**不保本型**

  1.**部分本金投資型**：與保本型不同的是，除了以客戶投資的本金孳息以外，還會拿取部分本金來從事相關衍生性金融商品交易。

  2.**優利型（優先追逐投資收益）**：結合客戶的本金來投資衍生性金融商品，讓客戶可能得到較高之投資收益；但風險就是如果走勢不符合預期，虧損的不只是孳息也包含全部的本金。

    而此種組合式商品又可以分為：

  (1)**保本型台幣/外幣組合商品**：透過新台幣或台幣的定存來結合買入選擇權，使投資人獲取高收益的組合商品。

$$A. 商品收益率 = 最低收益率 + \frac{選擇權到期值型收益}{存款本金} \times \frac{360日}{承作天數}$$

$$B. 最低收益率 = \frac{外幣定存利息收入 - 銀行手續費用 - 買入選擇權的權利金支出}{存款本金} \times \frac{360日}{承作天數}$$

  (2)**雙元貨幣組合式商品（匯率連結組合式商品）**：此種組合式商品是一種短天期就到期的不保本型商品，投資時間多為一星期至三個月間，而產品的連結標的為兩種不同國家幣別的匯率，由外幣定存結合賣出選擇權，讓投資人賣出匯率選擇權以收取權利金，須注意賣出選擇權有無限的風險可能。例如：歐元兌換美元、美元兌換日幣……等。

(3)**其他組合式商品**：後續金融業仍以固定收益商品與衍生性商品做各種結合與投資操作，共通性為投資有風險，客戶仍須自己評估後決策。

商品收益率＝

$$外幣存款利率+\frac{（賣出外幣選擇權權利金－買入外幣選擇權的權利金－手續費）}{存款本金}\times\frac{360}{承作天數}$$

✔ 優點	✘ 缺點
免手續費、保管費	可能無法保本
分散投資風險，最大損失僅利息收入	匯率風險難以預料
資本利得免課個人綜合所得稅	屬於衍生性金融商品範圍，無存款保障
門檻約5,000美元，適合小額投資	

二、 結構型商品

又稱為連動式債券，以存款、保險、債券等固定收益的金融商品作為基礎，以利息、部分本金來投資選擇權及其他衍生性金融商品。

考點速攻

結構型商品＝固定收益商品＋衍生性金融商品。

三、 指數型股票基金（ETF）

追蹤指數的變化且在證券交易所交易的基金。

(一)漲跌幅度為10%。

(二)證券交易稅率1%。

四、 保險商品創新

保有保障功能還讓客戶參與保險公司投資的項目。

(一) **具有保險與投資功能。**

(二) **獨立帳戶管理資金。**

五、信託商品創新

集合管理運用帳戶，又屬於準集團信託，也就是委託人同意受託人將其他委託人的資金集合管理，以此資金投資各種金融標的。

(一)**第一層信託**：特定委託人與受託人簽訂契約（個人、保險、員工福利等信託），各別約定投資相同的投資組合。

(二)**第二層信託**：簽完第一層後，特定委託人再與受託人簽訂集合管理運用條款，約定可與其他特定委託人的資金集合管理。

信託資金集合管理運用帳戶 V.S 證券投資信託基金比較

項目	信託資金集合管理運用帳戶	證券投資信託基金
法源依據	(1) 信託業法 (2) 信託資金集合管理運用管理辦法	(1) 證券交易法 (2) 證券投資信託基金管理辦法
法律關係	信託關係（得設信託監察人）	特別法上之信託關係
募集對象	已和信託業者簽訂信託契約之投資人	不特定大眾
募集額度	募集額度	有上限額度限制
課稅方式	所得發生年度課稅	有收益分配時課稅
主管機關	金管會銀行局	金管會證期局

牛刀小試

(　　) **1** 關於ETF的描述，何者正確？　(A)需課徵證券交易稅1%　(B)在集中市場買賣　(C)價格變動比股票小　(D)皆正確。

(　　) **2** 集合運用管理信託由是依據哪個法源設立？　(A)證券交易法　(B)共同基金管理辦法　(C)投資信託管理辦法　(D)信託與信託業法。

解答　**1 (D)　2 (D)**

精選範題

( ) **1** 人身保險的範圍不含下列何者？
(A)年金保險 　　　　　　　(B)責任保險
(C)健康保險 　　　　　　　(D)傷害保險。

( ) **2** 投資型保險中，不能彈性繳費且保險金額不固定的類型為下列
何者？
(A)變額壽險 　　　　　　　(B)變額年金
(C)萬能壽險 　　　　　　　(D)以上皆非。

( ) **3** 請問遺囑信託的效力，從什麼時候開始生效？
(A)從簽訂契約當下開始生效
(B)委託人超過約定期間的翌日仍生存即生效
(C)立遺囑人死亡後開始生效
(D)受益人死亡後開始生效。

( ) **4** 信託契約的財產管理功能中，有全權委託的方式，關於全權委託
的描述，何者正確？
(A)全權委託是委託人委任受託人的關係
(B)信託給受託人的資產具有獨立性
(C)全權委託不可對抗債權人對財產的強制執行
(D)以上皆是。

( ) **5** 關於組合式商品的構成敘述，下列何者不正確？
(A)是以定存＋衍生性金融商品組合而成
(B)投資成本低、投資門檻也低
(C)可以分散投資風險
(D)所運用之商品收益曲線斜率越低，該商品報酬越高。

( ) **6** 連結選擇權的結構型商品，其固定收益金融商品的範圍下列何
者不是？
(A)人身保險 　　　　　　　(B)銀行定期存單
(C)利率指數 　　　　　　　(D)有擔保公司債。

( ) **7** 小明一時興起投資了股價連結組合式商品，其金融商品的組合
可能為？
(A)股票價格＋選擇權
(B)契約信託＋股票指數
(C)股票指數選擇權＋外幣存款
(D)股票指數＋衍生性金融商品。

( ) **8** 下列何者為信託業中的第二層信託？
(A)員工福利信託　　　　　(B)貨幣型個人信託
(C)保險契約信託　　　　　(D)債券型集合管理運用帳戶。

( ) **9** 阿茂投保了傷害險保額100萬元，若是他因工作遭受意外使拇指
和小姆指被切斷，導致符合失能等級第9級，則可領取多少比例
的失能保險金？
(A)5%　　　　　　　　　　(B)10%
(C)20%　　　　　　　　　　(D)30%。

( )**10** 下列何種人身保險有機會抵銷通貨膨脹帶來的影響？
(A)死亡保險　　　　　　　(B)變額年金
(C)即期年金　　　　　　　(D)生存保險。

( )**11** 李先生年事已高，想將名下的不動產透過信託契約做管理，與A
銀行約定若在房市景氣佳的時候，將不動產出售變現，在李先
生還活著的時候給付他每月生活費，若是他過世資產還有剩餘
則將此資產遺留給子女，請問上述的信託契約，涵蓋了哪幾種
類型的信託？
(A)金錢信託、動產信託、宣言信託
(B)宣言信託、不動產信託、非營業信託
(C)集團信託、遺囑信託、年金信託
(D)不動產信託、遺囑信託、年金信託。

( ) **12** 信託契約對於稅負的關係，下列何者正確？
(A)簽訂信託契約可以免課徵任何稅負
(B)透過遺囑信託契約能免課徵遺產稅
(C)移轉資產給子女，透過複利方式折算現值，可節省部分贈與
稅金
(D)透過信託管理增加的利益收入，免所得稅。

( ) **13** 人身壽險中可分為定期、終身壽險，兩者的差異下列何者不正確？
(A)定期壽險的保險期間比終身壽險短
(B)終身壽險的保費比較便宜
(C)兩者都是保障死亡的風險
(D)以上皆正確。

( ) **14** 張先生109年的時候幫自己投保終身壽險100萬元，此商品說明
若符合2～6級失能，則可按保險金額乘以失能比例給付失能保
險金，若是張先生發生了6級的失能情況，則可領取多少的失能
保險金？
(A)100萬元　　　　　　　(B)70萬元
(C)50萬元　　　　　　　(D)20萬元。

( ) **15** 下列何者不屬於財產保險的類別範圍？
(A)健康保險　　　　　　(B)運輸保險
(C)責任保險　　　　　　(D)藝術品保險。

( ) **16** 下列何者不可以進行生前信託契約？
(A)不動產、金錢　　　　(B)年金、權利
(C)骨董、藝術品變賣後價值　(D)以上皆可以。

( ) **17** 若父母想為子女規劃教育費用，可建議規劃何種保險來累積資
產價值？
(A)年金保險　　　　　　(B)萬能壽險
(C)養老保險　　　　　　(D)死亡保險。

( ) **18** 根據信託的創新商品規定，下列描述何者不正確？
(A)投資運用範圍不可以連結債券、基金
(B)參加對象為多數委託人
(C)管理法源為證券投資信託基金管理辦法
(D)屬於一種集團信託。

( ) **19** 若購買100萬元的保本型結構式商品，保本率為85%，則到期時可領回多少本金？
(A)15萬元 (B)45萬元
(C)65萬元 (D)85萬元。

( ) **20** 信用連結式商品的連結標的有可能有信用違約事件，下列何者不屬於此商品定義的違約事件？
(A)發行股票遭受下市的處分
(B)公司破產或提出重整申請
(C)申請債務展期或接受政府紓困
(D)發生支票跳票情況。

( ) **21** 依照本金比例來分配投資收益的信託類型，屬於下列何者？
(A)集合信託 (B)集體信託
(C)集團信託 (D)集中信託。

( ) **22** 現行保險市場依據養老保險為基礎，衍生出各種型態的養老、終身保險，若想要對抗通貨膨脹，確保未來可給付的保單價值，可選擇何種商品？
(A)附生存給付養老保險 (B)養老終身型保險
(C)還本型終身保險 (D)增額分紅型養老保險。

( ) **23** 阿美在今年為全家人投保了保險，丈夫的保費是56,000元，自己的保費是32,000，大兒子的保費是15,000，小兒子的保費是8,000。請問明年報稅的時候，阿美可以列舉扣除的保險費為多少？
(A)111,000元 (B)96,000
(C)88,000元 (D)71,000元。

（　）**24** 被保險人因意外事故受傷或死亡時，傷害保險契約將給付理賠保
險金，但若發生下列何種情況，保險公司可以不予給付？
(A)溺水死亡　　　　　　　　(B)樓梯跌倒
(C)浴室滑倒　　　　　　　　(D)酒駕車禍。

（　）**25** 對於財產保險中責任保險的標的範圍，下列屬於可承保之標的？
(A)便當導致食用者食物中毒　(B)遊樂場設施讓使用者受傷
(C)天雨路滑，開車撞到路人　(D)騎機車撞上安全島。

（　）**26** 陳先生剛與太太結婚，隔年生下女兒，若是他想進行信託規劃，
下列何種信託較適合？
(A)子女教育資金信託　　　　(B)年金信託
(C)有價證券信託　　　　　　(D)遺囑信託。

（　）**27** 傷害險中的第3級失能給付比例為多少？
(A)30%　　　　　　　　　　(B)50%
(C)60%　　　　　　　　　　(D)80%。

（　）**28** 下列何者不是組合式商品的優點？
(A)免手續費與保管費
(B)匯率趨勢可預測
(C)投資門檻低
(D)資本利得免課個人綜合所得稅。

（　）**29** 關於公益信託與私益信託之描述，下列何者正確？
(A)兩者的主管機關相同
(B)私益信託的範圍包含文化、學術
(C)私益信託的進行得有主管機關同意
(D)宣言信託屬於公益信託。

（　）**30** 何種保險商品擁有對抗幣值下跌，還有保證最低利率的長期性
保障？
(A)遞延年金　　　　　　　　(B)變額壽險
(C)利率變動型年金　　　　　(D)養老保險。

解答與解析

1 (B)　2 (A)　3 (C)　4 (D)

5 (D)。利率商品的收益曲線斜率越高,則商品報酬率越高,所以(D)選項錯誤。

6 (C)　7 (C)　8 (D)

9 (C)。依照失能等級表,若拇指與其他手指缺失者,符合失能等級第9級,給付保險金比例為20%。

10 (B)　11 (D)　12 (C)　13 (B)

14 (C)。6級失能給付比例為50%,所以100萬元×50%=50萬元。

15 (A)　16 (D)　17 (B)　18 (A)

19 (D)。100萬元×85%=85萬元。

20 (D)。信用連結組合式商品,通常為信用衍生性金融商品連結票據,參考標的的違約事件有:申請債務展期、接受政府紓困、股票下市處分、破產或提出公司重整,所以(D)選項並不是商品定義的違約事件。

21 (C)　22 (D)

23 (D)。保險費每年可列舉上限為24,000元,所以夫妻倆只能列24,000×2=48,000,再加上大兒子與小兒子的保險費,48,000+15,000+8,000=71,000元。

24 (D)　25 (D)　26 (A)　27 (D)

28 (B)　29 (D)　30 (C)

Part 2 坐而言不如起而行

Day 05 理財規劃的起始

重點 1 理財規劃概論 ★

隨著臺灣金融市場的發展，財務管理不再是單純的物品交易、老實存錢，越來越多金融商品的推出，若沒有掌握全面資訊的投資人很容易落入虧損的下場。

而為了在各個金融體系間設置防火牆，以及為了融合與整併金融的業務範圍與資訊，在2001年的時候，臺灣通過了金控公司法，提供多樣化的金融商品、一條龍式的金融服務。

在此概念下，財富管理應和個人的未來損益表、資產負債表、現金流量表息息相關，為的就是可以保障未來有錢用、降低背負債務的可能性，以及節省對政府的稅務支出，所以金控公司提出了以下這些財富管理服務：

- ·現金管理。
- ·資產管理。
- ·保險（風險）管理。
- ·退休遺產規劃。
- ·長期稅負規劃。

因為每個人都會用到錢，而不管有沒有錢都應該進行管理，因為除了一般投資以外，人在生活中也有可能面臨人身風險、財務風險、市場風險等，這些都可能對個人、家庭資產產生打擊，所以金控公司才推出了這些服務，而基於以上這些服務的推出，漸漸地也形成了理財規劃的論點與推廣。

理財活動	理財活動／定義	無規劃結果	有規劃結果
收入	事業規劃： (1) 工作收入：包括薪資、佣金、工作獎金、自營事業所得等。 (2) 理財收入：包括利息收入、房租收入、股利、資本利得等。	隨機性的求職、就職情緒性的離職、跳槽一窩蜂的創業轉業。	學以致用就學就業銜接、按生涯規劃階段性轉職、在可行性評估後創業。
支出	消費預算： (1) 生活支出：包括食衣住行育樂醫療等家庭開銷。 (2) 理財支出：包括貸款利息支出、投資手續費用支出等。	衝動無計畫的消費可能導致個人信用破產。	在既定預算下消費，並對實際與預算差異分析，逐月改善達成預算目標。
儲蓄	儲蓄計畫： (1) 緊急預備金：保有一筆現金以備失業週轉或不時之需。 (2) 投資本金：可用來滋生理財收入的投資工具組合。	無持續性及前瞻性的儲蓄計畫。	儲蓄根據長期目標訂定，是控制數據、有持續性及前瞻性的儲蓄計畫。
置產	購屋、購車：購置自用房屋、自用車等提供使用價值的資產。	僅就短期支付能力決定購置，未考慮長期負擔能力。	從生涯需求與負擔能力，可訂定平衡兩者的階段性購屋與購車規劃。
投資	(1) 退休金規劃。 (2) 教育金規劃。	沒有目標盲目投資，暴露過高的投資風險，缺乏一致性的投資策略。	以淨值儲蓄及風險承受度設計投資組合，可達成合理的理財目標。

理財活動	理財活動／定義	無規劃結果	有規劃結果
借貸	償債計畫：指償還貸款的本金計畫。	未規劃還款來源，忽略借債投資風險，可能導致違約法拍。	以未來的收入及儲蓄能力決定可貸款金額，可按計畫的攤還貸款減輕負擔。
保險	保障計畫： (1) 人壽保險：壽險保額需求分析（壽險、醫療險、意外險、失能險）。 (2) 產物保險：產險保額需求分析（火險、地震險、責任險、竊盜險）。	在人情壓力下投保，花大錢買小保障。	以生活保障需求規劃保單，保險事故發生時可達到足額保障的效果。
稅負	節稅規劃： (1) 所得稅節稅規劃：扶養親屬、列舉扣除額、所得申報方式等。 (2) 財產稅節稅規劃：投資與置產時的各項節稅安排。 (3) 財產移轉節稅規劃：分年贈與、高額保單、境外公司等。）	繳了可以不用繳的稅、未善用免稅額度與節稅工具。	在稅法允許範圍內善用基金、保險、信託等工具可節省可觀稅負。
整體層面	全方位規劃： 如信託：信託的架構、信託目的、信託財產、信託受益人等。	只考慮短期目標，而忽略教育基金或退休金等長期目標。	同時考慮短中長期目標，可確保退休後財務獨立，過著有尊嚴的晚年。

為了避免人在無任何規劃的結果下導致損失、惡性循環，所以理財規劃除了管理資產以外，還是在販賣一個夢想，像是下列這個概念：

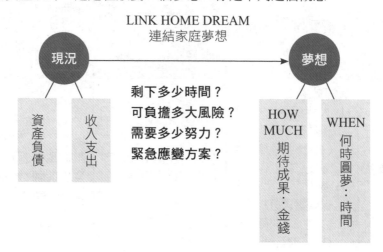

一、 理財規劃的目的
管理現金流量、財務風險，平衡人生中的財務收支。
(一)平衡收支。
(二)回饋社會。
(三)對抗通貨膨脹。
(四)過更好、更理想的生活。

二、 理財規劃的流程
為了使人能夠與自己的夢想連結、甚至是達成，所以理財規劃有了更明確的流程順序，最重要的原則就是生涯收入等於生涯支出，甚至是收入大於支出，才有可能有資產的累積。

夢想的開始，可以先為自己繪製一張這樣的圖表：

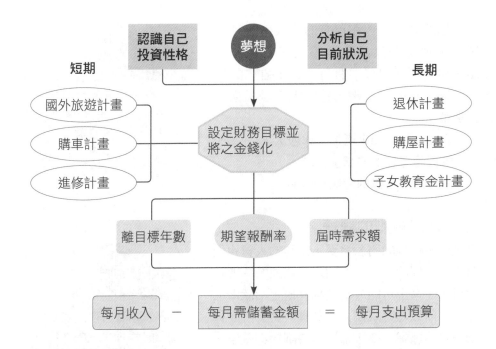

透過圖示可以看到目標、夢想都視覺化了起來,接著就是要實際的在目標年數、需求金額、未來收入的部分填上實際的數字,可以整理成下列這樣的表格:

	短期目標 （3年內）	中期目標 （4～14年）	長期目標 （15年以上）	預期未來 收入能力	被動收入 來源
個人	學習成本、生活費用、保險費用、旅行計畫等	購車計畫、創業計畫等	購屋計畫、退休計畫等	晉升、加薪、兼職	繼承、固定利息收入、固定保險生存金收入等
家庭	生活費用、扶養尊卑親屬費用、結婚、旅遊計畫等	購車（換車）計畫、家庭旅行計畫等	子女教育計劃、購屋（換屋）計畫等	晉升、雙薪家庭	繼承、固定利息收入、固定保險生存金收入等
社會	捐款	捐款	成立基金會	－	－

實際把夢想、目標和現有的收入情況列出後，最理想的就是生涯收入等於生涯支出，但是有些目標很有可能超出自己的能力範圍，這時候就需要透過下列幾點來進行調整：

(一)延後退休時間來增加工作收入。

(二)降低理財目標的資金需求。

(三)延後理財目標的完成年限。

觀念理解

各種理財計劃可同時進行，又稱為目標並進法，是分散資源、延長目標達成年限，以利全部的目標一起完成。

三、理財規劃的訓練

隨著金融市場的蓬勃發展，服務的人員也需要更上一層的專業，而因為錢造成的問題可大可小，甚至可能成為侵蝕其他生活狀況的元兇，所以理財規劃人員其實與會計師、律師等專業職業一樣，都是需要訓練與栽培，因為他們的存在就如同隨侍在客戶身邊的「財務醫生」，是很重要也需要很專業的。

考點速攻

深入家庭的理財規劃師不僅是管理資產，還可以協助規劃婚前協議、遺囑、信託等服務。

由於理財規劃師接觸的資產眾多且龐大，有些原則也是他們得遵守的：

(一)**守法原則**：遵守相關法令規定，不得違法。

(二)**忠實義務原則**：以客戶利益優先、衝突避免、禁止短線（不當得利）、公平處理。

(三)**能力原則**：維持專業能力，須配合政府規定進行訓練。

(四)**資訊公開原則**：提供充足的必要資訊，告知客戶風險與後果。

(五)**誠信原則**。

(六)**客觀性原則**。

(七)**保密原則**。

(八)**職業道德原則**。

(九)**謹慎原則**。

(十)**善良管理原則**。

以下另列出「理財規劃職業準則」與「證券商辦理財富管理業務應注意事項」之要點：

(一) **理財規劃執業準則**

理財規劃步驟	相關執業準則
(1) 建立及確認與客戶之間的關係	確認服務範圍
(2) 收集資料及訂定目標	確認顧客及個人財務目標、需求及優先事項取得量化資訊與工具
(3) 分析並評估客戶財務資料	分析及評估客戶資訊
(4) 研擬並提出理財規劃建議書及因應方案	辨認及評估理財規劃方案 擬定理財規劃建議 簡報理財規劃建議書
(5) 執行理財計劃	同意執行的責任 選擇產品及服務以執行理財規劃
(6) 監控理財計劃	確定追蹤監控的責任

(二) **「證券商辦理財富管理業務應注意事項」要點**

要點編號	內容
第一點	法源依據
第二點	服務內容
第三點	承辦業務相關法規
第四點	信託業務種類
第五點	銷售業務辦理資格
第六點	信託業務辦理資格
第七點	其他金融事業法規
第八點	業務管理機制
第九點	業務管理部門
第十點	信託業務管理部門

要點編號	內容
第十一點	業務人員資格
第十二點	業務人員管理辦法
第十三點	客戶評估作業程序
第十四點	監視管理程序辦法
第十五點	客戶資料保密管理機制
第十六點	風險管理機制與辦法
第十七點	防範內線與利益衝突機制
第十八點	（刪除）
第十九點	內部業務管理範圍
第二十點	作業風險管理機制
第二十一點	資訊系統管理機制
第二十二點	信託業務相關法規
第二十三點	申請作業規定
第二十四點	信託財產運用範圍
第二十五點	信託業務契約須知
第二十六點	信託帳戶專戶管理
第二十七點	信託業務稅務注意事項
第二十八點	客戶權益書面資料注意事項
第二十九點	備查時限規定
第三十點	申請銷售業務辦理之資料須知
第三十一點	分支機構申請銷售業務辦理資料須知
第三十二點	申請信託業務辦理之資料須知
第三十三點	分支機構申請信託業務辦理資料須知
第三十四點	業務機構管理辦理
第三十五點	業務人員管理辦法

重點 2 理財規劃的步驟 ★

了解了理財規劃的概念後，接著就是進入實際的理財規劃步驟，可分為六點：

理財規劃的步驟

Step 1 建立與確認信任關係。

Step 2 收集客戶資料與協助擬定目標。

Step 3 客觀分析與評估客戶整體財務狀況。

Step 4 提出建議與客戶共同制定財務計畫。

Step 5 確保客戶實行共同擬定的財務計畫。

Step 6 檢視與追蹤財務計畫的執行狀況。

> **觀念理解**
>
> 在收集客戶資料的時候，需要了解生活支出、理財支出、收入現況、金融資產總額、自用資產。

一、客戶的需求分析

根據TOPS的原則執行。

> **考點速攻**
>
> 除了TOPS外，還有SMART原則可進行財務目標的制定。
> ・Special 具體的。
> ・Measureable 可衡量。
> ・Attainable 可達成的。
> ・Relevant 有相關的。
> ・Time Table 完成的時限。

(一)**信任（Trust）**：任何金融服務最重要的就是取得客戶的信任，有了信任才可以進行後續的財務分析、建議提供等其他服務機會。

(二)**機會（Opportunity）**：向客戶說明透過理財規劃可以帶來的機會與好處，以正面、積極的未來和達成目標來說服與吸引。

(三)**負面意識（Pain）**：透過失敗的財務管理、不理財的案例來提醒客戶，以負面、悲慘的可能性與後果來向客戶說明，同時詢問客戶是否願意承擔這樣的結果。

(四)**解決方案（Solution）**：協助客戶在列明目標，與實際面對收入、支出和資產後，接下來可能有的建議和方案。

在蒐集客戶資訊和需求目標方向時，也需要記得蒐集以下這些需求，已達成更完整的理財規劃分析和建議：

需求名稱	需求資訊細節	內容說明
客戶整體狀況	(1) 財務現況。 (2) 家庭結構。 (3) 風險承受度。 (4) 各項理財目標。	透過質化或量化的數據評估方式，實際判斷客戶財務狀況與理財目標的差異。
預期理財水準	(1) 基本水準。 (2) 平均水準。 (3) 滿意水準。	此項是了解客戶對投資的預期心理，同時須解釋在何種狀況可以達成滿意水準，同時何種情況可能只有基本水準。
理財目標的可能性	(1) 優先順序。 (2) 未來資產模擬。 (3) 短期現金流量。	必須清楚地使客戶明白每個理財目標的可能性、達成時限，要隨時檢視與調整。
短期流動性需求	(1) 信用貸款。 (2) 其他貸款。	當收支無法平衡、無法繼續完成理財計劃時，理財規劃師要能夠協助客戶審視適合的貸款產品、優惠利率等。
生涯、職涯變化	(1) 失業。 (2) 創業。	評估失業、創業的期限長短，調整理財計畫的步驟與方案，協助客戶能夠持續進行理財規劃。
家庭狀況變化	(1) 移民。 (2) 結婚。 (3) 離婚。 (4) 傳承。	(1) 協助客戶跨國的財產、稅務處理。 (2) 財產分開、共有等制度的協議安排。 (3) 協助財產分配、子女監護權、家庭財務變化的處理。 (4) 協助客戶遺產的規劃、信託訂定、贈與資產等問題。

二、 理財規劃的目標

一個理財規劃目標必須符合現實、合理，所以應具備下列這些特徵：

(一) **要可行**：要考慮外在環境、自己的能力。

(二) **要可以量化進行衡量**：要可以用貨幣來計算，衡量價值。

(三) **要有時間性**：要有實現的最後期限，階段性審核目標進度。

三、 理財規劃的策略

理財的三大原則需要兼顧，也就是流動性、安全性、變現性，依照這三個原則替不同風險承受度的客戶選擇策略：

(一) **保本型**：風險承受度低

此策略重要核心就是要保本，所以要保證本金不會減少，主要可選擇國債、一般儲蓄、保障增值型儲蓄保險等。

(二) **穩定增長型**：風險承受度中

此策略是在穩定的收入上，追求額外的報酬增加，所以除了保本型的投資選擇外，可再增加股票、基金等有資本利得、中高收益性的投資標的。

(三) **高收益型**：風險承受度高

此策略核心在於追求高報酬、高收益，所以主投資標的會選擇股票、基金、炒房地產、期貨選擇權等。

四、 理財規劃的結論

在與客戶建立信任、蒐集資訊、需求分析、建立理財目標後，理財規劃人員最重要的一步，就是產出一份理財規劃報告書，也就是將自己的分析結果與建議方案，透過摘要、內容、行動方案、推薦產品來呈現。

(一) **摘要**：整份理財規劃的重點前言。

內容：

1. 家庭資產負債表。

2. 財務結構的診斷。

3. 理財規劃目標。

4. 風險承受度結果。

5. 建議投資標的與預期投資報酬率。

6. 實際現金流量表、風險、資金缺口。

觀念理解

雖然理財規劃有優先順序，但是部分規劃也能同時並進，以利理財目標的達成，全看每個人需求與能力來評估。

(二) **行動方案**

1. 風險、財務缺口、收支不平衡的解決方法。

2. 投資標的、金融產品推薦。

3. 金流分配控管。

牛刀小試

( ) **1** 關於理財的觀念，下列何種想法不正確？ (A)沒有錢的人就不用管理財規劃 (B)理財的目標必須合理與現實 (C)進行理財規劃必須實際、確實的評估自身能力 (D)認真理財規劃可以協助自己過更好的生活。

( ) **2** 關於理財步驟的順序，何者正確？ 甲、擬定理財規劃報告，乙、蒐集客戶資訊，丙、建立信任關係，丁、檢視與控管目標進度，戊、提出建議投資標的 (A)甲乙丙丁戊 (B)乙丁甲丙戊 (C)丙乙戊甲丁 (D)丁戊乙甲丙。

解答 **1** (A) **2** (C)

精選範題

(　) **1** 理財規劃中的目標並進法內容，下列敘述何者不正確？
(A)開始便考慮多個理財規劃目標，可同時進行
(B)花花一開始就決定要好多個儲蓄目標，所以早期負擔較重
(C)目標並進是使資源分散，延長目標年限
(D)目標並進是集中所有的資源好讓幾個重要目標可以早日完成。

(　) **2** 下列何者不屬於客戶的主要財務資料？
(A)收入支出表　　　　　　　(B)資產負債表
(C)生活預算表　　　　　　　(D)股東權益名冊。

(　) **3** 關於現今財富管理的內容，下列何者正確？
(A)財富管理是只限私人VIP才可享用的服務
(B)財富管理的目的是替客戶的資產增值
(C)財富管理只針對高端客戶的專業理財需求做規劃
(D)財富管理不包含退休、稅務規劃。

(　) **4** 我國在何時通過了金融控股公司法，以規範後來成立的金控公司？
(A)1998年　　　　　　　　　(B)2000年
(C)2001年　　　　　　　　　(D)2008年。

(　) **5** 理財規劃的實務中，如何替有不同風險承受度的客戶給予正確的建議？
(A)已退休的客戶更適合大槓桿的投資高風險高報酬的標的
(B)若是風險承受度高的人，只適合規劃固定收益的金融商品
(C)擁有保本核心的投資策略，最適合風險承受度低的客戶
(D)喜歡炒地皮、選擇權期貨的客戶，應推薦對方穩定增長型的組合。

(　) **6** 關於理財的觀念，下列何種想法不正確？
(A)沒有錢的人就不用管理財規劃
(B)理財的目標必須合理與現實
(C)進行理財規劃必須實際、確實的評估自身能力
(D)認真理財規劃可以協助自己過更好的生活。

( ) **7** 若是想要投保有資產累積的保險險種，下列何者最適合？
(A)健保保險　　　　　　　　(B)勞工保險
(C)年金保險　　　　　　　　(D)定期壽險。

( ) **8** 若是想要向客戶蒐集資金融資產組合的資訊，因是下列何種問句？
(A)目前主要的投資工具有哪些？
(B)目前家庭的資產與負債項目有哪些？
(C)未來是否有購買不動產的規劃？
(D)請問已經投保的保險有哪些、額度多少？。

( ) **9** 以下理財的操作與用途，何者配對不正確？
(A)存錢－增加資產
(B)向銀行借錢－節省稅金
(C)列遺囑－信託契約
(D)轉嫁風險－保險。

( ) **10** 身為理財規劃人員須有一定的專業程度，下列何種表現不符合？
(A)熟悉金融市場的變化與趨勢
(B)了解各項稅法的內容與細節
(C)理解各金融產品的操作
(D)忽略商品風險的告知。

( ) **11** 下列何種行為不屬於理財規劃的範圍？
(A)風險管理　　　　　　　　(B)收支平衡
(C)消費負債　　　　　　　　(D)逃避繳稅。

( ) **12** 關於理財步驟的順序，何者正確？　甲、擬定理財規劃報告，乙、蒐集客戶資訊，丙、建立信任關係，丁、檢視與控管目標進度，戊、提出建議投資標的
(A)甲乙丙丁戊　　　　　　　(B)乙丁甲丙戊
(C)丙乙戊甲丁　　　　　　　(D)丁戊乙甲丙。

( ) **13** 理財規劃中的TOPS原則中，下列描述何者正確？
(A)O是代表Options，是要客戶認真挑選、選擇適合自己的金融產品
(B)S是代表Sale，表示理財規劃人員應努力促成商品的銷售
(C)P是代表Patient，說服客戶應對投資操作有耐心
(D)T是代表Trust，代表需取得客戶的信任。

( ) **14** 理財規劃人員執業的過程中，有幾項原則需要遵守，下列何者主要是避免客戶利益衝突，禁止理財規劃人員不當得利的原則？
(A)忠實義務原則　　　　　　(B)專業原則
(C)誠信原則　　　　　　　　(D)善良管理原則。

( ) **15** 下列何者符合Smart的目標設定特性？
(A)投入大量資金任意操作衍生性金融商品，以小博大
(B)透過規劃預算買彩券，等中大獎
(C)等朋友抱股票明牌，等時機一到就出手購買
(D)預設30年後退休，退休時存有2千萬的資產。

解答與解析

1 (D)　2 (D)　3 (B)　4 (C)

5 (C)　6 (A)　7 (C)　8 (A)

9 (B)　10 (D)　11 (D)　12 (C)

13 (D)　14 (A)

15 (D)。因Smart的特性有：具體的、可衡量的、可達成的、有相關的、有完成時限的，只有(D)選項符合。

Day 06 理財從家庭開始了解

重點 1 家庭財務報表的編製與分析 ★★

為了照顧家庭生活，通常都會由爸爸或媽媽來管理生活費用支出，可能會簡單計算家庭的收入與支出，而這也就是家庭財務報表的最基本雛型和概念。

按照財務的複雜程度與不同分析重點，將分類成以下：

觀念理解

收入與支出是流量的觀念，家庭收支大部分採現金基礎來做編製與分析。

一、家庭資產負債表

顯示某一特定時間的家庭財務狀況。
資產＝負債＋淨值。

家庭資產負債表	○○○○年○○月○○日		重點1 紀錄製作資產負債表日期
家庭資產		**家庭負債**	
現金資產		**高利的負債**	
現金及活存		汽車貸款（餘額）	
定期性存款		消費貸款（餘額）	
		已標死會（餘額）	
流動性資產		信用卡未付	
股票			
共同基金		**低利的負債**	
債券		房屋貸款（餘額）	
已繳活會		保單貸款（餘額）	
非流動性資產			
房地產（投資）			
儲蓄險			
連動債保單			
其他保單價值			
字畫收藏品（投資）			
自用性資產			
汽車			
房地產（自用）			
珠寶等			
資產合計		負債合計	
淨值合計（資產－負債）			

重點2
資產依流動性高低分類

重點4
資產依製作當日市值重新計算價格

重點5
保險也是資產

重點3
負債依高低利率分類

檢核「資產負債表」
1.總淨值與去年相比市成長、還是減少？有達到自己預算的目標嗎？
2.檢查現金資產，是否備妥6個月以上的緊急預備金？
3.如果現金不夠？哪些資產可以變現？

(一)**資產**

1. 生息資產（現金、活儲、債券基金、定期存款、國內股票、保單等等）。
2. 自用資產（自用住宅、汽機車、預售屋預付款等等）。

(二)**負債**

1. 自用資產負債（自用住宅貸款、汽車貸款）。
2. 投資負債（股票質押、股票融資融券）。
3. 消費負債（信用卡應付款、死會應付款）。

考點速攻

生息資產的比率分析，可分為：
(1)保本型比重高：可能使報酬率過低、難以達成理財目標。
(2)收益型比重高：要特別注意利率變動的風險。
(3)成長型比重高：注意股票市場價格變動風險。

透過圖表可以大致了解生活支出的分類，還有家庭資產的狀況，接著就可以進行資產負債表的財務分析，進而得到財務診斷的結果，不同負債、資產情況的家庭，理財規劃的建議也不同，而分析的方法如下：

(1)家庭負債比率 $= \dfrac{總負債}{總資產}$

(2)自用資產貸款成數 $= \dfrac{自用資產貸款額}{自用資產市值}$

(3)自用資產權數 $= \dfrac{自用資產}{總資產}$

(4)融資比率 $= \dfrac{投資負債}{生息資產市值}$

(5)生息資產權數 $= \dfrac{生息資產}{總資產}$

(6)消費負債佔資產比率 $= \dfrac{消費負債額}{總資產}$

(7)總淨值、自用淨值、投資淨值關係

4. 當總淨值中的自用淨值比率高時，總淨值會隨負債減少而緩慢成長。
5. 當總淨值中的投資淨值比率高時，總淨值起伏較大。

二、 家庭收支儲蓄表

掌握當月份的收支儲蓄與資產負債變動的
情況，主要是為了衡量未來退休後的生活
水準。

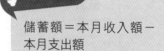

考點速攻

儲蓄額＝本月收入額－
本月支出額

家庭收支的紀錄比起資產負債表的歸類還來
的簡易，因為生活上的收入與支出都有單
據，所以可以透過以下這些單據來記錄：

(一)薪資條、扣繳憑單。　　　(二)勞健保費用單。

(三)其他工作收入證明。　　　(四)理財收入證明。

(五)消費支出證明。　　　　　(六)保險費用支出。

有了家庭收支表以後，便可以透過下列各種分析，來進行家庭財務分析：

(一)支出比率＝$\dfrac{總支出}{總收入}$

(二)消費率＝$\dfrac{消費支出}{總收入}$

(三)邊際消費＝$\dfrac{非基本支出}{總收入}$

(四)財務負擔率＝$\dfrac{理財支出}{總收入}$

(五)自由儲蓄額＝總儲蓄額－已經安排的本金還款或投資

(六)自由儲蓄率＝$\dfrac{自由儲蓄額}{總收入}$

(七)收支平衡點＝$\dfrac{固定支出負債}{工作收入淨結餘比率}$

(八)相對收支率＝$\dfrac{\dfrac{目前年收入}{區域平均收入}}{\dfrac{目前年支出}{區域平均支出}}$

　　標準為1，＞1則儲蓄率高於平均，反之亦然。

除了家庭財務報表的編製與分析之外，額外補充個人的財務診斷方式，同樣有以下幾種分析方法：

(一)理財成就率＝$\dfrac{\text{目前的淨資產}}{(\text{目前的年儲蓄}\times\text{已工作年數})}$

(二)淨值投資比率＝$\dfrac{\text{生息資產}}{\text{淨值}}$

(三)資產成長率＝$\dfrac{\text{資產變動額}}{\text{期初總資產}}$

(四)財務自由度＝$\dfrac{(\text{目前的淨資產}\times\text{投資報酬率})}{\text{目前的年支出}}$

透過編製報表與財務分析後，有些提升家庭、個人資產的方式，也有所謂市場中提倡的致富公式，可參考：

致富公式 $g=\dfrac{V}{E}$

其中g＝淨值成長率，V＝淨儲蓄，E＝淨值

V＝（薪資或事業收入－生活支出）S＋理財收入M－理財支出I

考點速攻

(1)理財收入：生息資產×投資報酬率。
(2)理財支出：負債×負債平均利率。

淨值成長率的增加代表了個人累積淨值的速度，當此比率越高，也就表示淨值累積的越快，所以想要提高淨值成長率的話，可以透過以下的方法：

---

1. **提升薪資儲蓄率**：適合年輕人，因為此階段薪資收入＞投資收入。
2. **提高投資報酬率**：適合中年人，此時理財收入大幅提高。
3. **提高生息資產的比重**：提高能夠生息的資產，使成長率可以提升。

重點 2　家庭現金流量管理 ★

依據家庭不同的工作型態，可以將家庭的收入來源、職業做出區分，進而編製家庭的預算與控制，妥善的分配負債管理，同時還要考慮到緊急預備金的準備。

一、家庭收入來源

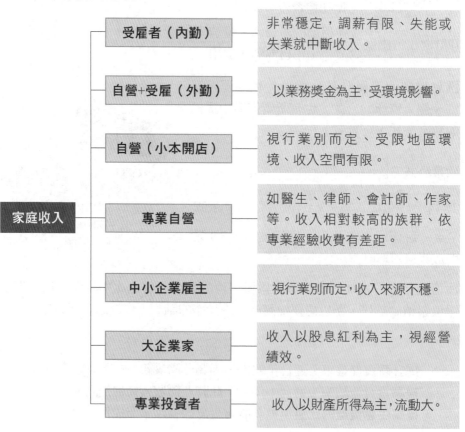

	受雇者（內勤）	非常穩定，調薪有限、失能或失業就中斷收入。
	自營+受雇（外勤）	以業務獎金為主，受環境影響。
	自營（小本開店）	視行業別而定、受限地區環境、收入空間有限。
家庭收入	專業自營	如醫生、律師、會計師、作家等。收入相對較高的族群、依專業經驗收費有差距。
	中小企業雇主	視行業別而定，收入來源不穩。
	大企業家	收入以股息紅利為主，視經營績效。
	專業投資者	收入以財產所得為主，流動大。

(一)生活儲蓄＝工作收入－生活支出。

(註：第27屆試題曾出現「工作儲蓄＝工作收入－生活支出」，所以工作儲蓄可視為生活儲蓄，但「工作期儲蓄（年儲蓄×工作年數）」＝「退休後生活支出（年支出×退休後生活年數）」)

(二)理財儲蓄＝理財收入－利息保費支出。

(三)資產負債調整現金流量＝資產負債調整現金流入－資產負債調整現金流出。

> **💲知識補給站**
>
> 工作收入是每個人踏入社會的收入源頭，年紀漸長應依靠理財收入的增加以達到安穩退休的目的。

二、 家庭的預算分配與控制

家庭的收入要負擔生活、負債，還要額外進行其他規劃，每一筆預算都需要事先安排與合理的分配，可以下列的步驟進行：

(一)設定長期理財目標（購屋、子女、退休等）。

(二)年度儲蓄目標額（依長期理財目標年限計算每年度的儲蓄目標）。

(三)設定家庭生活支出的預算（年度收入－年儲蓄目標）。

(四)將預算項目分類（可控制、不可控制、資本支出、儲蓄運用等）。

在進行控制的時候，勢必要定期檢視預算控制是否得當，同時應注意：

(一)總額的差異大於細目的差異。

(二)訂立一個差異門檻好進行掌控。

(三)每個類別單一分析。

(四)無法降低支出就得提高收入。

三、 家庭的負債管理

(一)對每個家庭來說，多少都有負債的產生，像是房貸、車貸等自用性貸款，而每月還款的金額就是家庭固定支出之一，合理的管理負債，同樣是達成理財規劃的重要一步。

(二)在合理的利率水準下，可借多少錢是取決於工作收入的能力與現有資產的價值，也就是：

借款最大額度＝收入×信貸倍數＋資產×借款成數

四、家庭的緊急預備金

緊急預備金的用途，就是為了避免家庭遭受失業或失能導致工作收入中斷，甚至是遭受醫療或意外導致的額外龐大醫療費用，這些情況除了生活開銷有困難之外，固定支出的貸款也不可能停下，都是家庭生活可能面臨的風險。

所以緊急預備金的準備方式可用存款、資產（變現或貸款）準備，像是銀行存款最少要能負擔固定支出至少6個月；或者生息資產最少可以負擔3年內的固定支出。

其他緊急預備金準備的因應能力程度，可參考以下公式來評估：

(一) 失業保障月數

$$存款保障月數 = \frac{存款或可變現資產}{月固定支出} = \frac{淨值}{月固定支出}$$

(二) 意外、災變承受能力

$$\frac{（可變現資產＋保險理賠金－現有負債）}{（5\sim10年生活費用＋房屋重建裝潢成本）}$$

若是此比率>1，則承受變故能力較高

牛刀小試

( ) **1** 消費負債的範圍包含下列何者？ (A)信用卡應付款 (B)自用住宅貸款 (C)汽車貸款 (D)股票融資融券。

( ) **2** 關於家庭現金流量的管理，下列何者的作法正確？ (A)家庭的現金流量可只簡單分為生活支出和投資支出 (B)貸款和保險的繳費年限應拉長至退休之後 (C)退休後的理財儲蓄應該要為正數且可支付生活 (D)工作收入過低的話，應增加貸款。

( ) **3** 當家庭進行理財規劃的時候，下列何種做法符合年金的觀念？甲、定期定額，乙、彈性繳費，丙、長期進行 (A)甲乙丙 (B)乙丙 (C)甲乙 (D)甲丙。

解答 **1 (A) 2 (C) 3 (D)**

精選範題

(　) **1** 生息資產的範圍包含下列何者？
(A)死會應付款　　　　　　　　(B)定期存款
(C)預售屋預付款　　　　　　　(D)自用住宅。

(　) **2** 若是花花年收入50萬元，年支出40萬元，股利年收入15萬元，保
費年支出8萬元，則花花的年儲蓄額應為多少？
(A)50萬元　　　　　　　　　　(B)40萬元
(C)17萬元　　　　　　　　　　(D)15萬元。

(　) **3** 下列何種日常生活行為對個人的資產淨值沒有影響？
(A)遺失錢包　　　　　　　　　(B)領取股東分紅
(C)償還信用卡債　　　　　　　(D)刷卡結帳。

(　) **4** 下列何種家庭的財務狀況，以現階段來說仍不適合有購屋的計劃？
(A)總財產低於1000萬元，生息資產高於50%的家庭
(B)總財產高於1000萬元，生息資產高於50%的家庭
(C)總財產高於1000萬元，生息資產低於50%的家庭
(D)總財產低於1000萬元，生息資產低於50%的家庭。

(　) **5** 對於一個家庭報表中的財務負債狀況，下列何者敘述有誤？
(A)負債比率＝負債／總資產
(B)股票融資融券、信用卡應付款、自用住宅貸款都屬於負債
(C)負債比率越高，財務負擔越重
(D)融資比率＝消費負債／總資產。

(　) **6** 哪一種財務報表是表示一個家庭特定時間的財務存量狀況？
(A)家庭收支平衡表　　　　　　(B)家庭所得來源表
(C)家庭資產負債表　　　　　　(D)家庭預算分配表。

(　) **7** 在恩格爾法則的理論中，當家庭所得增加的時候，下列何項的支
出比例會有機會降低？
(A)娛樂教育　　　　　　　　　(B)醫療保健
(C)運輸通訊　　　　　　　　　(D)食品飲料。

( ) **8** 下列對於提升個人淨值成長率的做法，何者不正確？

(A)年輕人的資產淨值起始點低時，所以應將心力放在提升薪資儲蓄率

(B)若是年輕人想要快速致富，得提高自用住宅、汽車等自用資產佔總資產的比重

(C)中年時期因為已累積不少淨值，理財收入的比重提高，此時應提高投資報酬率

(D)要邁向財務自由，必須在生涯階段中逐年提高理財收入對薪資收入的相對比率。

( ) **9** 花王的年收入150萬元，年支出100萬元，年毛儲蓄為50萬元，以現金方式持有，而花王年初有生息資產100萬元，在無負債亦無其他自用資產下，投資報酬率10%，則花王的當年度淨值成長率為下列何者？

(A)40% (B)50%

(C)55% (D)60%。

( ) **10** 一家庭中兩夫妻的月收入總和低於8萬元，生活上也經常左支右絀，則理財規劃人員應輔導他們的首要重點為何？

(A)告訴他們不用理財，先能應付生活就好

(B)應該要勇於貸款，轉作其他投資以增加資產

(C)量入為出，避免消費借貸，以免陷入惡性循環

(D)和親朋友好借錢，選定方向準備創業。

( ) **11** 若阿雄至今努力打拼的結果有定期存款100萬元，但同時還有信用卡債20萬元以及汽車貸款60萬元，請問阿雄的負債比率為多少？

(A)20% (B)50%

(C)60% (D)80%。

( ) **12** 下列何種理財做法，不能有效地降低支出的額度？

(A)訂定各項支出預算項目，並確實執行

(B)每個月降低生活預算、省吃儉用

(C)將保障型壽險調整為儲蓄險，以便在同樣保額下，降低保費支出

(D)將目前背負的貸款轉貸成利率較低的貸款。

( ) **13** 池惠善已經工作了10年，年收入500萬元，年生活支出200萬元，現在的資產有250萬元，請問池會善的理財成就率為多少？
(A)30%　　　　　　　　　(B)8.3%
(C)7.4%　　　　　　　　　(D)5%。

( ) **14** 有關家庭現金流量的敘述，下列敘述何者正確？
(A)工作收入－生活支出＝生活儲蓄
(B)理財收入－房租支出＝理財儲蓄
(C)消費負債＋投資負債＝資產負債調整現金淨流量
(D)投資收入是源頭活水，退休後應該加強工作收入。

( ) **15** 當要進行個人或家庭財務報表的編製，下列何種歸類方式錯誤？
(A)家庭收支儲蓄表就如同企業之損益表，僅顯示特定時間的收支變化
(B)家庭資產負債表僅顯示特定時間的資產與負債狀況
(C)繳納之汽車險保費，如強制險及車體險，屬資產科目
(D)購買住宅時支付之自備款屬資產科目，未付之房貸屬負債科目。

( ) **16** 下列何種行為會使個人理財的資產與負債同時等額地增加？
(A)將期定期存款未到期解約轉而購買股票
(B)將股票變現，以變現所得來清償銀行貸款
(C)透過向銀行貸款，轉購買債券型基金
(D)以年終獎金購買股票。

( ) **17** 關於緊急預備金之意外或災變承受能力指標的敘述，下列何者正確？
(A)（可變現資產＋保險理賠金＋5至10年生活費用）／（現有負債＋房屋重建裝潢成本）
(B)（可變現資產＋保險理賠金－5至10年生活費用）／（現有負債－房屋重建裝潢成本）
(C)（可變現資產＋保險理賠金－現有負債）／（5至10年生活費用＋房屋重建裝潢成本）
(D)（可變現資產－保險理賠金）／（現有負債－房屋重建裝潢成本＋5至10年生活費用）。

( ) **18** 家庭的現金流理財規劃觀點中，最應優先滿足的原則，應為下列何者？
(A)日常生活基本開銷、已有負債之本利攤還支出、已有保險之續期保費支出
(B)日常生活基本開銷、休閒旅遊費用之支出、可控制支出
(C)日常生活基本開銷、已有保險之續期保費支出、投資預算
(D)享受高品質生活的開銷、已有負債之本利攤還支出、已有保險之續期保費支出。。

( ) **19** 已知陳先生的年收入為150萬元，消費支出50萬元，房貸利息年支出27萬元，年金保險費用6萬元，毛儲蓄60萬元，則陳先生的財務負擔率為何？
(A)16%   (B)22%
(C)40%   (D)55%。

( ) **20** 關於相對收支率的分析，下列何者正確？
(A)＞1，表示儲蓄率低於平均值
(B)＜1，表示儲蓄率高於平均值
(C)標準值為1
(D)年收入／區域平均支出。

解答與解析

1 (B)

2 (C)。年收入－年支出，所以（50萬元＋25萬元）－（40萬元＋8萬元）＝17萬元

3 (C)　**4 (D)**

5 (D)。融資比率＝投資負債／生息資產市值

6 (C)

7 (D)。在恩格爾法則中說明越貧窮的家庭，所得收入大部分都支出在食物的層面，隨著水準提高，食物的支出會下降，轉移至娛樂、享受等層面。

8 (B)

9 (D)。 g＝V／E，所以淨儲蓄＝
毛儲蓄＋理財收入－理財支出，
50萬元＋生息資產×投資報酬率
（100萬元×10%＝10萬）＝60萬
元，60／100＝60%。

10 (C)

11 (D)。 總負債／總資產，所以60
萬＋20萬債務＝80萬元，80萬／
100萬×100%＝80%

12 (C)

13 (B)。 理財成就率＝目前的淨
資產／（目前的年儲蓄×工作年
數），250萬／（500萬－200萬）
×10年＝8.3%

14 (A)　15 (C)　16 (C)　17 (C)

18 (A)

19 (B)。 財務負擔率＝理財支出／
總收入，27萬元＋6萬元＝33萬
元，33萬元／150萬元＝22%

20 (C)

Day 07 分析理財規劃方式

重點 1 客戶屬性與理財規劃 ★

依照不同的客戶屬性，理財規劃方案也會有
所不同，所以每一份理財規劃都是為客戶量
身訂做的，而人的一生會有許多階段，這裡
將依生涯階段、價值觀念、目標導向等分類
來介紹客戶屬性。

觀念理解

典型的家庭生命周期可
分為六個階段：形成、
擴展、穩定、收縮、空
巢、解體。

一、生涯階段

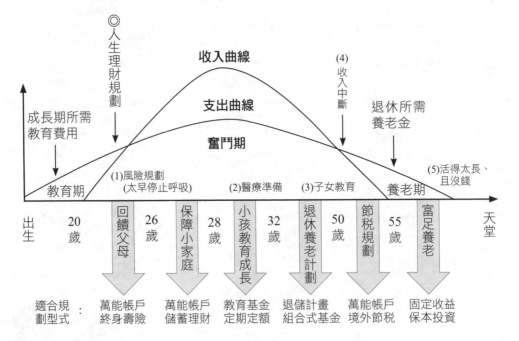

根據生涯來進行規劃，會大致上包括投資計畫、貸款計畫、保險計畫、省稅計畫，這四種分類同樣都將依照短期、中期、長期，不同時限來進行階段性安排，階段性可分為：

(一) **探索期（青年單身期）**：15～24歲。

    1.財務資產少、可能還有負債。

    2.就業前的準備階段。

    3.可理財範圍小，不建議投資、建議活存，風險以意外保險為主。

    4.理財建議以提升自身專業、資訊蒐集為優先。

(二) **建立期（家庭形成期）**：25～34歲。

    1.踏入社會，開始擇偶、結婚、新生兒誕生的階段。

    2.可能開始有購屋計畫、房貸責任。

    3.財務穩定，需要進行家庭財務的理財規劃。

    4.理財建議量入為出，以購屋計畫為主要理財目標。

    5.投資建議定存、共同基金，風險以定期壽險、儲蓄險為主。

(三) **穩定期（家庭成長期）**：35～44歲。

    1.職涯方向穩定、投入在自身工作發展。

    2.可能有創業計畫、創業貸款。

    3.子女開始就學，準備籌措未來教育費用。

    4.理財建議以償還房屋貸款為主，教育基金為輔。

    5.貸款還款之餘，有能力才進行股票、基金，風險以遞減型房貸壽險。

(四) **維持期（子女教育期）**：45～54歲。

    1.最具有投資能力的階段，同時子女教育負擔也最大。

    2.理財建議多元投資組合，範圍有國內外基金、債券、股票等。

    3.理財目標以負擔子女教育金為主，準備退休金為輔。

    4.風險以養老險附加醫療或投資型保險。

(五) **高原期（家庭成熟期）**：55～64歲。

    1.子女自立、經濟財務的最高峰。

    2.理財建議債券型基金、固定收益商品的比例增加，降低投資風險。

    3.理財目標以退休生活為主。

    4.風險以省稅、傳承目標為主，可選年金、增額分紅型終身保險。

(六)**退休期（退休養老期）**：65歲以後。

　1.開始享受人生、子女成家立業。

　2.理財建議以固定收益金融商品為主。

二、價值觀念

在經濟的市場裡欲望無限，但是資源卻是有限的，所以人將不斷地面臨選擇、取捨，一樣米養百種人，每個人對金錢都有不同價值觀，也自成一個分類：

	螞蟻族（先犧牲後享受）	蟋蟀族（先享受後犧牲）
特徵	高儲蓄率、能夠迅速累積財富	注重生活享受、忽略理財的重要性
投資建議	穩定的股票、基金、債券	強制性高、固定繳費的儲蓄保險
風險建議	養老保險	養老保險

	蝸牛族（習慣背負責任）	慈烏族（子女優先考慮）
特徵	投資心態主要放在不動產、土地上，認為有土斯有財	子女教育經費、生活安排佔最大重心
投資建議	股票、基金等穩定中求高收益的投資標的來籌措房屋頭期款，同時也要避免天秤傾斜，太過偏重房產影響生活水平	中長期收益穩定的金融產品，兼顧子女教育資金的籌措與退休生活的安排
風險建議	房貸壽險保險	年金型保險

┌──────────┐
│ **重點2** 理財規劃的計算基礎 ★
└──────────┘

從財務的價值來說，資產最重要的就是貨幣的時間價值計算，需要理解和
了解期計算的觀念與公式。同時一套理財規劃方案是否有效，同樣具有方
程式與投資報酬率的計算，最重要的還要衡量投資的風險，這些都是理財
規劃重要的計算基礎。

一、貨幣的時間價值

(一)**複利終值**：衡量貨幣、資產在複利計算的基礎下，未來的本利和。

$F = P(1+i)^n$

P＝現在的本金，$(1+i)^n$＝複利終值因子，有終值表可查

複利終值通常可用來計算**投資標的到期的價值**、評估投資目標，還可以
計算通貨膨脹的效果。

(二)**複利現值**：與複利終值相反，將未來特定的貨幣、資產，推算出現在的
價值。

$$P = F \times \frac{1}{(1+i)^n}$$

F＝未來的價值，$\frac{1}{(1+i)^n}$＝複利現值因子，有終值表可查

複利現值通常用來達成**想要達成未來目標額，現金應投入多少本金**的計
算作用，或者貨幣過去的購買力水準。

(三)**年金終值**：為一連串定期、定額的現金流總和。

$$= PMT \times \frac{1 \times \left[(1+k\%)^n - 1\right]}{(1+k\%)-1}$$

$= PMT \times FVIFA(k\%,n)$

年金終值通常用來計算定期定額的投資價值，或者儲蓄險的報酬率。

(四)**年金現值－未來一連串定期、定額的現金流總量在今日的價值。**

$= PMT \times PVIFA(k\%,n)$

年金現值通常用來計算退休後的生活費用總額，現今需要投入多少資金
來準備。（也可用來計算債券的現值、貸款利率的本利攤還。）

二、 理財目標方程式

理財目標的方程式可以分為兩個方向來計算，分別是：

(一)理財目標

目前可投資額×複利終值係數＋未來每年儲蓄額×年金終值係數

(二)投資價值

合理投資價格＝每年可領取利息（租金）×年金現值係數＋到期回收本金×複利現值係數

三、 投資報酬率

(一)投資報酬率

$$\frac{（期末回收金額－期初投資成本＋當期收益－交易成本）}{期初投資成本}$$

(二)算術平均投資報酬率（需10年以上）

$$\frac{總報酬率}{投資年數}$$

(三)幾何平均投資報酬率

$$R = \sqrt{(1+r_1) \times (1+r_2) \times \ldots \times (1+r_n)} - 1$$

四、 投資風險評估

(一)變異數：單位預期報酬率所承擔的風險。
用來計算預期報酬率或期望報酬率，變異數的平方根也就是標準差。

考點速攻

常以變異數、標準差、變異係數來評估風險程度。

$$變異係數 = \frac{標準差}{預期報酬} \times 100\%$$

(二)夏普指數：每承受一份風險，會有多少額外的報酬。

$$= \frac{超額報酬}{總風險} = \frac{平均報酬率－無風險利率}{標準差}$$

牛刀小試

( ) **1** 關於家庭成熟期的理財規劃內容,下列何者描述正確? (A)又稱為高原期,子女教育負擔龐大 (B)財務狀況不好,不建議做任何理財規劃 (C)可累積的資產達到高峰,應逐漸降低投資風險 (D)安排遺產傳承、享受生活。

( ) **2** 下列何者可用來衡量投資風險的大小? (A)標準差 (B)算術平均報酬率 (C)幾何平均報酬率 (D)年金終值。

( ) **3** 關於理財價值觀的描述,下列何者有誤? (A)蝸牛族的人習慣背負責任,投資重心在不動產上 (B)蟋蟀族的人未雨綢繆,懂得開源節流、認真儲蓄 (C)慈烏族的太過在意子女、忽略自己 (D)螞蟻族的人建議可投資不動產。

解答 **1 (C) 2 (A) 3 (B)**

精選範題

( )　**1** 先犧牲後享受的想法，是屬於下列何種理財價值觀？
(A)蟋蟀族　　　　　　　　　(B)蝸牛族
(C)慈烏族　　　　　　　　　(D)螞蟻族。

( )　**2** 在生涯理財規劃中，最具有投資力、資產較為豐厚的年齡層應是下列何種時期？
(A)維持期　　　　　　　　　(B)建立期
(C)成熟期　　　　　　　　　(D)高原期。

( )　**3** A投資組合是位在效率前緣線之上，則A投資組合具有下列何種特性？
(A)將期望報酬率固定，投資組合的風險最高
(B)期望的風險固定下，投資組合的報酬率最高
(C)在同樣的預期風險中，偏好較低報酬率的組合
(D)在同樣的預期報酬率中，偏好較高風險的組合。

( )　**4** 關於理財計算基礎的公式，下列何者正確？
(A)期初年金終值係數（n,r）＝期末年金終值係數（n,r）＋複利終值係數（n,r）－1
(B)期初年金終值係數（n,r）＝期末年金終值係數（n,r）－複利終值係數（n,r）－1
(C)期初年金現值係數（n,r）＝期末年金終值係數（n,r）－複利終值係數（n,r）＋1
(D)期初年金現值值係數（n,r）＝期末年金終值係數（n,r）＋複利終值係數（n,r）。

( )　**5** 如果想事先知道為了達到退休的財務目標，而現在每月要投資多少錢，這是屬於何種理財的計算概念？
(A)複利終值　　　　　　　　(B)複利現值
(C)年金終值　　　　　　　　(D)年金現值。

( ) **6** 冰冰今年35歲，他想要65歲的時候準時退休，冰冰現在每年生活支出60萬元，想要退休的時候有3,000萬元的退休資產，但是目前僅有300萬元的生息資產，如果冰冰目前的投資組合報酬率有8%，則冰冰在未來25年期間，平均每年應有多少收入才可以達成這個理財目標？（取最接近值）
(A)68.2萬元　(B)72.9萬元　(C)112萬元　(D)160萬元。

( ) **7** 已知股票A之期望報酬率14%，標準差8%，股票B之期望報酬率10%，標準差6%，設股票A及股票B的相關係數為－1，請問75%股票A及25%股票B的投資組合變異數為何？
(A)0.00202　　　　　　　　(B)0.002025
(C)0.002205　　　　　　　　(D)0.002255。　【第29屆理財人員】

( ) **8** 小王投資股票的第一年報酬率為80%，而第二年的股票報酬率為－10%，第三年的股票報酬率為30%，則其三年來的幾何平均報酬率為多少？（取最接近值）
(A)45.1%　(B)52.6%　(C)61%　(D)77.8%。

( ) **9** 假設現有甲股票，此A的平均報酬率6%，標準差20%；而乙股票平均報酬率8%，標準差5%，在無風險利率1%下，下列敘述何者正確？
(A)甲股票夏普指數大於1
(B)乙股票夏普指數小於1
(C)甲股票與乙股票夏普指數相同
(D)甲股票夏普指數小於乙股票夏普指數。

( ) **10** 複利現值係數與複利終值數的關係，下列選項何者正確？
(A)複利終值係數＋複利現值係數＝1
(B)複利終值係數－複利現值係數＝1
(C)複利終值係數×複利現值係數＝1
(D)複利終值係數÷複利現值係數＝1。　　　　【第24屆理財人員】

( ) **11** 阿明現有現金100萬元，另外又貸款了200萬元，貸款利率為9%，若是他想投資股市，而股票的市值有350萬元，則投資報酬率為何？　(A)25%　(B)22%　(C)16%　(D)9%。

( ) **12** 關於夏普指數的描述，下列何者正？
(A)夏普指數越大則每單位風險下其報酬率較高
(B)夏普指數越大則為最佳效率前緣組合
(C)夏普指數越小則風險較高
(D)夏普指數越大則現金流量較高。

( ) **13** 假設如花今天看中一檔基金，此基金的風險貼水為9%，變異數為0.25%，若在無風險利率2%的環境之下，則A基金的夏普指數應為多少？
(A)1.8　(B)1.5　(C)1　(D)0.9。

( ) **14** 有關標準差之敘述，下列何者正確？
(A)與平均值同為風險衡量的基準
(B)為變異數平方值
(C)衡量可能發生事件分佈狀況
(D)夏普指數（Sharpe）與標準差無關。　　　　【第21屆理財人員】

解答與解析

1 (D)　**2 (A)**　**3 (B)**　**4 (A)**
5 (C)

6 (B)。1000萬－300萬×（8%,30年,複利終值）＝945萬.6元；60萬元＋945.6萬元／（8%,30年,年金終值）＝72.9萬元

7 (B)。（0.75×8%）2＋（0.25×6%）2＋2×（－1）×0.75×0.25×8%×6%＝0.002025

8 (A)。$\sqrt{(1+80\%)\times(1-10\%)\times(1+30\%)}$ －1＝45.1%

9 (D)。甲股票夏普指數＝（6%－1%）／20%＝0.25；乙股票夏普指數＝（8%－1%）／5%＝1.4，所以甲＜乙。

10 (C)

11 (C)。（350萬元－100萬現金－200萬元貸款）／（現金100萬＋貸款200萬）＝16.66%

12 (A)

13 (A)。變異數的平方根 $\sqrt{0.25\%}$ ＝0.05，夏普指數＝9%／5%＝1.8

14 (C)

Day 08　投資規劃有哪些選擇

重點 1　投資規劃 ★

投資是理財管理的重要一環，透過投資所獲得的報酬，可作為進行其他規劃的資金來源，像是子女教育金、退休金、購屋計畫等等。

只不過要切記，投資有賺有賠，不可一昧相信投資會有收穫而將全數的資產投入。投資規劃最重要的，就是強調資產配置的觀念，以下為資產配置的重要原則。

一、資產配置的原則

(一)分析投資人的風險承受度（年齡、性別、資產多寡、生活開銷）。

(二)針對理財目標設立高低標準投資有波動，得設定漲跌趨勢的預期水準。

(三)投資時間確立不同的投資時間，適合的投資工具也不同。

(四)分散風險不要把雞蛋放在同一個籃子的原理，所有的投資項目可成為個人的投資組合。

(五)考慮安全性、流動性、獲利性，讓本金與收穫的報酬可以被自由運用。

家庭（個人）收入－必要支出－生活支出＝剩餘資金

雖然投資可以帶來獲利，同時還是得面對現實生活的情況，投資必須在有剩餘資金的情況下才適合進行，同時在進行投資規劃的時候，也要另外再準備緊急預備金的預算，才能避免投資失利又面臨生活風險的發生。

二、投資組合的報酬與風險計算

由於投資組合涵蓋的投資工具眾多，所以可透過下列公式來計算投資組合的報酬與風險，以下幾個財務理論，最常被使用來進行投資規劃的組合評估與計算：

(一)**風險規避與效用值**：用來排列投資組合的等級較高的預期報酬率，會提升投資

人的效用，而較高的變異數則會降低投
資人的效用。

(二)**無異曲線**：在不同風險與報酬的投資組
合之下，對不同投資人有不同的吸引
力，而相同的吸引力會落在預期報酬率
平均數與標準差圖形中的曲線上。此曲
線有著幾個特性：

1.高風險伴隨高報酬，風險與報酬正
相關。

2.圖形中風險與報酬呈現右凸之表現。

3.越靠近左上方的無異曲線則效用更高。

> 觀念理解
>
> 風險偏好的類型可分為
> (1)風險規避者：在同樣
> 預期報酬率的情況
> 下，會選擇風險較低
> 的投資方案。
> (2)風險中立者：只根據
> 預期報酬率來選擇，
> 風險程度無關緊要。
> (3)風險愛好者：享受高
> 風險的樂趣，還會依
> 此調整對投資的預期
> 報酬率。

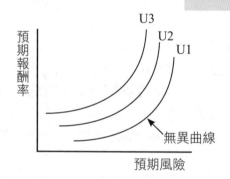

(三)**效率前緣**：是用來表示在相同報酬下，相對可獲得最高的預期報酬率之
投資組合。

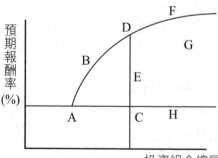

在每個風險上都有一個投資組合，在這些不同風險點所達到的最高投資
報酬率；或者在各個預期報酬率之下最低風險的投資組合，會形成一個
曲線，此曲線就稱為效率前緣。

(四) **資本市場線（CML）**：此線是為了衡量總風險與效率投資組合期望報
酬率的關係，此理論是假設資本市場為一個能以無風險借貸的市場，所
以會提高投資的效率與預期。

$$E（RP）=R_F+\left\{\dfrac{\left[E_{(RM)}-R_F\right]}{\sigma_m}\right\}\times \sigma_P$$

$E（RP）$＝投資組合的期望報酬率，σ_P＝投資組合的總風險（標準

差），$\dfrac{\left[E_{(RM)}-R_F\right]}{\sigma_m}$＝市場斜率，也就是風險的價格。

此公式計算的數值即為資本市場線，最適合的投資組合便是各個效率前
緣與切線相交的點。

(五) **常態分配**：是指在投資活動中，某一投資活動、情況出現的可能性，常
態分配就是指這種情況發生的機率且落在何種區間，通常為：

1. ±1單位標準差的區間機率為68.27%。

2. ±2單位標準差的區間機率為95.45%。

3. ±3單位標準差的區間機率為99.73%。

(六) **風險值（VAR）**：運用統計學來計算投資活動，在特定期間、特定水準
之下發生最大損失的可能性。

風險值（VAR）＝$Z\times \sigma_P$

以Z值來檢定，通常有兩個值來檢驗

第一個Z值＝1.65，表示預期報酬率＜1.65個標準差的機會為5%。

第二個Z值＝1.28，表示預期報酬率＜1.28個標準差的機會為10%。

三、投資組合

在了解了各項投資組合的報酬與風險評估、計算，接著就是為自己確立適
合的投資組合，而投資組合的型態可分為：

(一) **儲蓄組合**：投入確定的本金，在一定時間內獲取確定的本利和、固定報
酬、風險較低，但報酬也相對其他組合低。

1. 可作為緊急預備金。

2. 短期內（3～6年）需要支出的計畫開銷。

3. 市場環境不佳的暫存。

4. 無獲得高報酬機會。

5. 可能被通貨膨脹的情況侵蝕資產。

(二)**投資組合**：投入一筆資金，換取一定時間內可能的獲利報酬，因投資效益而獲利不固定。

1. 中高風險可作為子女教育金、退休準備金。

2. 中長期理財目標的操作工具。

3. 不能保證獲利、要有預期虧損的心理準備。

(三)**投機組合**：投入一筆資金，換取短期內的報酬，但是此種組合不保證獲利且風險極高。

1. 可作為享受投資快感的操作缺點。

2. 輸贏靠運氣。

3. 無長期規劃的可能性。

4. 可能賠光資本。

四、 投資策略

不論選擇何種投資組合，同樣建議需要將風險分散，所以並不是只能選擇其中一個組合，最常見的就是混搭，只是看儲蓄、投資（固定、浮動）的組合比例而已，可分為幾種投資策略：

(一)**固定投資比例策略**：設定投資工具的分配比例，將風險低、風險中、風險高的投資工具分類後，按照個人的風險承受度來分配資金投入的比例。

1. **優點**：減少投資成本、可控水準的風險與收益、適合中長期投資規劃。

2. **缺點**：若沒有交給專業人員將容易遇到資訊不及時，標的調整過慢導致損失、比例調整幅度無法即時掌握。

(二)**投資組合保險策略**（Portfolio Insurance）：保證投資組合的最低價值，也就是將部份資金投入無風險工具，以確保此投資組合的最低價值收穫，其餘資金則投入風險工具，比例隨市場變化而調整分配。

K＝m×（V－F）

其中K＝投資在股票的金額，m＝風險係數，V＝總資產市值，F＝可接受資產市值下限

這是一種將風險降至最低，但仍能追求最大利潤化的投資策略，若是對報酬率或收益下跌具有排斥心理的投資者，建議選擇此種投資策略。

1.**優點**：有停損點，風險為事先可忍受的程度。

2.**缺點**：獲利了結時間不明顯，常錯失最佳獲利時間。

(三)**向日葵原則（戰術性策略）**：向日葵給人的視覺化印象，就是有個醒目的花心範圍、周遭繞著花心一圈的花瓣部位，從投資的角度來說，正好分為：

1.花心（策略性資產配置）主要為核心投資組合佔主要資產的50%標的為績優股票、成熟市場的大規模型基金目的在於獲得長期資本增值

2.花瓣（戰術性資產配置）主要為機動投資組合佔投資組合10～50%，視風險承受能力決定標的為風險、報酬較高的投機股或基金目的在於靈活操作，依照市場行情來調整定期定額策略固定一個期間、投入固定的金額，適合長期且資金充足者。

(1)優點：平均成本會低於平均價格。

(2)缺點：短期震盪幅度較大。

重點2　居住（購屋）規劃 ★

租房還是買房，一直都是現代人糾結的選擇問題，所以購屋計畫也是理財規劃中很重要的一環。

一、居住規劃的租屋

(一)**如果考慮租屋，則需要注意以下幾個成本的計算。**

1.**年成本法**：租屋年成本＝月租金×12個月＋押金×押金月份×押金之機會成本。

2. **淨現值法**：在一定居住期間內，租屋的現金流量現值，藉此評估租屋的實際價值。

$$租屋之淨現金流量 = \frac{押金}{(1+r)^n} - 押金 - \sum_{i=1}^{n} \frac{租金_i}{(1+r)^i}$$

一開始流出的現金流量為押金，還有每年的租金，現金流入則為n年後退租收回的押金，又可以表示為：

現金流入的折現值－現金流入的折現值

(二) **租屋的優缺點**

1. **租屋的優點**：遷徙自由、房屋條件與鄰近環境的選擇自由。
2. **租屋的缺點**：房東的優劣、裝修受限、租金變動、稅務上房租僅可列舉12萬元。

二、 居住規劃的購屋

(一) **如果考慮購屋，則需要注意以下幾個成本的計算：**

1. **年成本法**

   購屋成本＝房貸額度：貸款利率＋自備款：自備款之機會成本

2. **淨現值法**：在一定居住期間內，購屋的現金流量現值，藉此評估購屋的實際價值。

$$\frac{售屋淨所得}{(1+r)^n} - 自備款 - \sum_{i=1}^{n} \frac{每年本利攤還_i}{(1+r)^i}$$

現金流出為一開始購屋的自備款，現金流入為n年後售屋的淨所得，以及每年攤還房貸的本利金額，現金流入須以折現值計算。

(二) **購屋的優缺點：**

1. **購屋的優點**：房屋自主、屬於資產的一部分（房價上漲）、安定度高、房貸列舉額可達30萬元。
2. **購屋的缺點**：稅捐、房屋折價、房價下跌、房屋維修。

三、 居住規劃購屋的流程

在進行購屋目標設立時，需要注意自身的經濟能力，要量力而為考慮固定收入的來源，同時設立目標時限與家庭的生活機能需求（頂客夫婦、小家庭、三代同堂）。

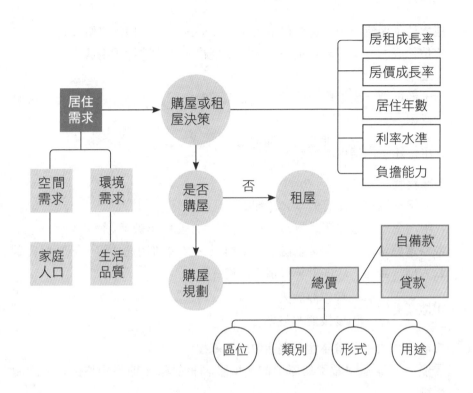

如果原本已購屋，因為子女的因素而需要換至更好的生活機能，可以考慮換屋的計畫，而換屋計畫的流程更需要謹慎思考，以下為思考的面向：

(一) **選定換屋區位**：坪數、電梯有無、大樓管理有無等等。

(二) **列出資產負債表**：了解每月收支和綜合財務能力。

(三) **決定是否出售舊屋**：可選擇先買後賣、先賣後買、只買不賣。

(四) **籌措自備款**。

(五) **選定貸款方式**。

(六) **考慮現金週轉（裝潢、稅負、仲介、代書、搬家）**。

四、 居住規劃的價值計算

要進行房貸的選擇前，得先了解該不動產的估價的方法是以何種為計算基礎，而不動產的估價分有：

(一)**成本法**：通常為建商評估價值使用。（公式複雜，僅需了解即可）

單位總成本＝每建坪單價＋土地建坪價格＋建物建坪建造成本

1.**土地**

土地總價＝土地取得成本＋開發工程費＋管銷費用＋資金利息＋合理費用

$$單位建坪價格＝\frac{開發後土地總價}{建坪數}$$

2.**建築物**

新屋＝每建坪建築成本×建坪數

中古屋＝新屋建築成本×（1－折舊率×使用年數）

(二)**收益還原法**：通常房價會隨房租而變動，為投資用途估價，多為租賃辦公大樓、套房、店面計算價值之基礎。

$$房地產總價＝\frac{房租淨收入}{市場投資收益率}$$

(三)**市場比較法－通常為住宅之估價計算基礎**

房價＝同地區同類型房屋房價×屋齡調整係數×地段調整係數×議價係數

五、 居住規劃的房貸方式

(一)**本金平均攤還法**：本金會平均在貸款期間償還，而每期償還的本金額度都是相同的，因此，每期所攤還的本利和會越來越少。

$$平均每月應攤還本金金額＝\frac{貸款本金}{貸款月數}$$

平均每月應攤還利息金額＝本月餘額×月利率

平均每月應還之本利和＝平均每月應攤還本金＋平均每月應攤還利息

(二)**本利平均攤還法**：是採用年金法，會在貸款期間內將全部的貸款本金與利息平均分攤於每一期中，計算較為複雜。

$$\frac{\{[（1＋月利率）^{月份數}]×月利率\}}{\{[（1＋月利率）^{月份數}×月利率]－1\}}$$

重點**3** 子女教育金規劃 ★

教養子女一直是家庭的重要核心任務之一，在理財管理的角度來說，子女的教育金規劃也是很重要的環節，甚至從子女出生時就應該開始規劃才不會來不及，或者感覺到壓力。

子女教育規劃有幾個最重要的特性：
1. 有時間壓力（子女成長時間）。
2. 無法事先掌控（因為不能確定考試學測結果、未來就學方向）。
3. 不能全仰賴單一金融工具（風險過高）。

結婚生子是人生重要的階段之一，在這個階段裡要考慮的將不再是個人，需要連家庭成員的納入規劃的範圍裡，而這裡將分為家庭三個階段流程來建議子女教育的規劃：

一、家庭收入結構

(一) 家庭規劃中最重要的是確認家庭的收入來源，所以得評估自己的家庭是單薪還是雙薪收入，因為單薪家庭可能會面臨收入低於生活需求額，而雙薪家庭則面臨保母費、上班額外增加的機會成本。

(二) 同時兩種家庭的所得稅列舉項目也不同，所以在決定是否生養子女前，就要將財務的狀況、未來收入能力都列入生養子女的考量中。

二、家庭計畫安排（決定生養子女的數量）

確認要生養子女後，就得把是否購屋、租屋列入理財規劃的範圍，因為子女的居住空間、環境、機能都是生長過程中重要的環節，而且是中、長期固定不變動的，更需要謹慎挑選。

(一) 考慮購屋計畫

$$可養育子女數 = \frac{（家庭生涯收入 - 夫妻生涯費用 - 購屋總價）}{每個子女生涯支出負擔}$$

生涯收入＝薪水收入×總工作年份

夫妻生涯費用：夫妻倆的生活費用×總生活年份（80歲為止）

每個子女生涯支出負擔：預計一個小孩的生涯費用評估（大學、博士、留學）

(二)不考慮購屋計畫

$$可養育子女數＝\frac{（家庭生涯收入－夫妻生涯費用）}{每個子女生涯支出負擔}$$

三、子女教育金規劃

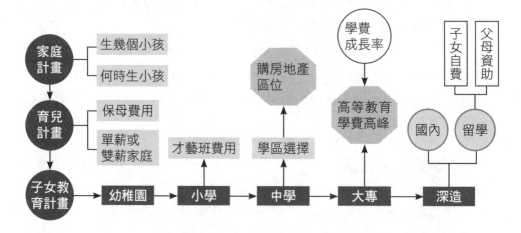

每多一名子女，家庭的日常支出就會大幅的增加，所以需要為子女教育金做更大的準備，而子女教育金的規劃需要採用幾種準備原則：

(一)**採取核心投資策略**：若是已經確定要將子女供養到念大學的階段，代表需要選擇風險較低、績效佳的標的為投資重點，將子女教育金的目標額設為主要核心重心。

(二)**定期、長期投資**：由於目標額龐大，所以需要中、長期的準備，對於投資和籌措的期間，更需要耐心等待。

(三)**提早準備**：現代人普遍晚婚，生養子女的時間又更晚了，對於父母來說此階段可能正面臨年邁、工作年限縮短、逼近退休等等，一旦確定要養育子女，子女教育金勢必得成為第一籌措目標。

(四) **保重自身與家庭**：即便重視子女，在進行規劃的過程中，也不該因此壓迫到原本的家庭生活，否則就有顧此失彼的疑慮。

牛刀小試

( ) **1** 進行居住規劃要挑選房屋的時候，最重要的房價影響因素應為何？　(A)建材品質　(B)樓層高低　(C)落地區位　(D)採光隔局。

( ) **2** 現今在購屋的時候，銀行為了防止房屋發生火災導致購屋貸款人無力償還剩餘貸款，所以通常會要求借款人進行何種動作？(A)提供其他等值的抵押品　(B)提供等值的銀行存款證明　(C)借款人須購買意外險　(D)借款人須購買住宅火險。

( ) **3** 進行子女教育金的規劃時候，下列的做法何者正確？　(A)家庭稅前所得總合＋夫妻生活費用，折現後即可得育兒資產　(B)養育子女數＝（家庭生涯收入－夫妻生涯費用－購屋總價）／每個子女生涯支出負擔　(C)子女教育金的規劃可以投保遞延年金來準備　(D)若是可育兒的資產小於家庭負債，則應選擇單薪家庭制，讓妻子在家中看顧小孩。

( ) **4** 在股票市場呈現多空趨勢的時候，何種投資策略具有漲時追價的特性？　(A)向日葵投資策略　(B)投資組合保險策略　(C)定期不定額投資策略　(D)定期定額投資策略。

( ) **5** 若是當市場指數呈現大漲，但是A股票只有小幅的漲勢，則可以判斷A股票是屬於哪種風險的股票？　(A)不隨系統起伏之風險　(B)β＞1　(C)β＜1　(D)β＝0。

解答　　**1 (C)　2 (D)　3 (B)　4 (B)　5 (C)**

精選範題

( ) **1** 風險程度偏好高風險的投資人，適合投資下列何種產品？
(A)上市公司債 　　　　　　(B)平衡型基金
(C)可轉讓定存單 　　　　　　(D)高收益債券。

( ) **2** 目前有一張A股票，其β值為1.2，現市場環境之無風險利率為
5%、市場報酬率為15%，則A股票報酬率應為何？
(A)3.1% 　　　　　　(B)12.2%
(C)8.5% 　　　　　　(D)17%。

( ) **3** 若是目前金融機構的定存利率為1.5%，而A股票基金的報酬率為
10%、標準差為25%，則A股票基金的風險貼水應為多少？
(A)8.5% 　　　　　　(B)10.2%
(C)15.6% 　　　　　　(D)17%。

( ) **4** 當家庭的理財計畫中有考慮購屋，則可養育子女的數量不受下列
何者為影響因素？
(A)家庭生涯收入 　　　　　　(B)夫妻生涯費用
(C)子女生涯支出負擔 　　　　　　(D)投資策略組合。

( ) **5** 進行子女教育金的規劃時候，下列的做法何者正確？
(A)家庭稅前所得總合＋夫妻生活費用，折現後即可得育兒資產
(B)養育子女數＝（家庭生涯收入－夫妻生涯費用－購屋總價）
／每個子女生涯支出負擔
(C)子女教育金的規劃可以投保遞延年金來準備
(D)若是可育兒的資產小於家庭負債，則應選擇單薪家庭制，讓
妻子在家中看顧小孩。

( ) **6** 若是原本的房貸想要進行轉貸，應有下列何種條件才適合？
(A)如果別家金融機構有提供較低利率的房貸就可立刻轉貸
(B)轉貸得擔心違約金，可能還得支付其他各項費用，如鑑價費
用和代償費用等
(C)為了轉貸的優惠，最好借用親友公務員的身分
(D)轉貸的進行，先得將原貸款還清才可以。

(　) 　**7** 房屋交易的過程中，不會產生下列何種何種稅務費用？
(A)登記規費　　　　　　(B)契稅
(C)房屋稅　　　　　　　(D)土地增值稅。

(　) 　**8** 下列何者不是子女教育金規劃的特性與原則？
(A)子女教育金有可預知性，知道未來子女的就學安排
(B)寧可多準備，也不要少準備
(C)若子女教育資金不足，也不可以影響其他家庭生活費用
(D)可利用子女教育年金或10年至20年的儲蓄險作規劃。

(　) 　**9** 子女教育金規劃與其他理財規劃比較起來，下列敘述何者正確？
(A)可控制性較低，子女能否考上公立大學非父母可掌控
(B)子女教育金絕對金額不高，不用特別準備
(C)與購屋目標相較，子女教育金具有不可替代性
(D)比起退休規劃，子女教育金有時間彈性。

(　)**10** 定期定額的投資方法，有著平均每股成本皆低於何者的特性？
(A)平均價格　　　　　　(B)期初成本
(C)期末成本　　　　　　(D)任一市價。

(　)**11** 在風險值VAR的理論之下，投資組合的平均投資報酬率為15%，
標準差為20則投資人的最大風險承受度為20%。若是在90%的信
賴水準之下，投資人是否能承受此風險？
(A)可以承受　　　　　　(B)無法承受
(C)不一定　　　　　　　(D)無法判斷。【第30屆理財人員】

(　)**12** 若投資者為跟隨群眾的類型，則會較喜歡下列何種理財工具？
(A)基金組合　　　　　　(B)可轉讓定存單
(C)遞延年金　　　　　　(D)共同基金。

(　)**13** 假設國庫券的利率為1.5%，股票市場投資預期報酬率為6%，而A
公司股票的預期報酬率為3%，請問A公司股票價格與股票市場呈
現何種關係？
(A)正相關　　　　　　　(B)負相關
(C)無任何相關　　　　　(D)無法判別。【第28屆理財人員改】

( ) **14** 下列何者適合推薦給長期投資、低風險的偏好者？
(A)高收益債券　　　　　　　(B)政府公債
(C)新興市場基金　　　　　　(D)組合式商品。

( ) **15** 假設可承擔風險係數m＝2，起始總資產市值V為200萬元，可容
忍的最大損失為20%。若目前已經投資股票的市值增加了10萬
元，則可投資股票金額K變動為多少？
(A)105萬元　　　　　　　　(B)110萬元
(C)165萬元　　　　　　　　(D)180萬元。【第21屆理財人員改】

( ) **16** 在投資組合保險策略中，起始資產市值為200萬元，可接受的總
資產市值下限為150萬元，可承擔風險係數為2.5倍時，股票投資
額應為何？
(A)12萬元　　　　　　　　　(B)33萬元
(C)50萬元　　　　　　　　　(D)75萬元。【第22屆理財人員改】

解答與解析

1 (D)

2 (D)。 5%＋1.2×(15%－5%)＝17%

3 (A)。 10%－1.5%＝8.5%

4 (D)　5 (B)　6 (B)

7 (C)。 房屋稅為每年繳納，交易時不會產生。

8 (A)　9 (A)　10 (A)

11 (A)。 平均報酬率為15％，標準差為20%的股票，以Z＝1.28

來檢定，其投資績效低於10%－(1.28×20%)＝－15.6%的機率有10%，其最大損失為15.6%＜20%%，在90%的信賴水準下，能承受此一風險。

12 (D)　13 (B)　14 (B)

15 (C)。 K＝200－200×20%＋10／2＝165（萬元）

16 (D)。 200－(200－150)×2.5＝75（萬元）

Day 09 退休生活萬萬稅

重點 1 退休規劃 ⭐

人生辛勤努力工作一生，就是希望未來老了以後可以享受理想的生活品質，而進行這項計畫最主要就是為了以下幾個目的：

1. 養兒防老的觀念過時，加上社會現況不生育和競爭激烈，所以不可將未來重心放在子女身上。
2. 通貨膨脹的社會水平，可能使辛苦工作的酬勞在未來變得不值錢。
3. 人從出生開始就是在面臨身體的退化，未來還要面對可能的疾病治療費用。
4. 社會退休制度不全，無法仰賴企業或政府。

三層次退休金來源架構

自己準備

雇主提撥
勞工退休金、公教退撫

社會保險
勞保、軍公教保、國保

所以說退休計畫最核心的理念，就是解決老
年生活會面臨的問題，而金融資產除了賭博
以外，都需要經過時間的累積，但是賭博不
可靠、高風險的投資也會有不安定的因素，
所以退休規劃必須：

勞保老年年金、勞工退
休金為最常見之社會保
險，勞保老年年金須滿
65歲且工作年資滿15
年；勞工退休金是雇主
每個月提撥6%的個人專
戶，須滿60歲且工作年
資滿15年。

一、提早規劃

提早規劃是為了使資產可以經過時間的累
積，達到成長、翻倍的結果，同時也是降低
規劃的壓力和負擔。若是到了晚年才想到要
準備退休金，工作能力下降、生活上經濟支出龐大，這時還要多一筆退休
金儲蓄，可能會感到壓力而不去規劃。

二、講求安全性

因為退休金是老年的生活依據，所以這筆資產必須不受到侵蝕，還必須確
保本金的保本性。規劃退休金的時間若是早、離自己退休時間還久的話，
還可以考慮分配在高收益但風險也相對高一點的投資工具，但若是規劃時
間短，則必須考慮風險較低、有固定收益的金融工具。

三、保持彈性

因為消費市場無法預測，未來的生活水平水準未知，所以不能將預估的支
出數字設立的太固定，要制定比估算結果還高的退休金儲存額度。

依照上述的幾個退休規劃的原則來進行，步驟可為下列幾個建議：

(一)**依需求來設立目標**：預設自己退休的年歲，然後由此推算至預估最高壽
命的經過期間，依照推算之期間預設每個月的生活花費、醫療費用、旅
遊娛樂享受費用等。

(二)**退休收入分析**：未來的生活具有不可預測性，所以除了自己累積的資產
外，最重要的就是確認自己是否有穩定的固定收入來源，例如：國民年
金、勞工保險、軍公教保險、企業退休金可能繼承的財產或子女奉養
金、投資工具的固定收益。

(三)**退休方案設立**：依照前一步驟的分析，可以得到退休金計畫安排上的可行性或缺口，如果得到的結果是有資金缺口，代表要修正退休規劃的目標，或者是增加收入來源、增加其他資產的報酬率來彌補。

同時退休計畫一但制定完成，便需要長期堅持，此項預算不可擅自動用，否則將失去提前為退休生活準備的初衷，也是為了避免未來的準備時間不足，所以退休計畫有不可替代性，最好獨立帳戶管理。

重點2 稅務規劃 ★

不論進行何種投資策略、固定儲蓄，在財務管理最重要也是更需要專業能力、法規知識的，就是稅務的規劃，包含了個人所得稅、贈與稅、遺產稅、不動產稅務等的規劃安排。

一、綜合所得稅

是對納稅人個人的各種應稅所得（如工薪收入、利息、股息、財產所得等）綜合徵收，這種稅制多採用累進稅率，並以申報法徵收。

最新綜合所得稅

免稅額	一般民眾	97,000元
	年滿70歲 （納稅義務人、配偶及受撫養之直系尊親屬）	145,000元
標準扣除額	單身	131,000元
	有配偶者	262,000元
薪資所得特別扣除額、身心障礙特別扣除額	218,000元	

	5%	0～590,000元
課稅級距	12%	590,001～1,330,000元
	20%	1,330,001元～2,660,000元
	20%	2,660,001元～4,980,000元
	40%	4,980,000元
所得稅基本稅額條例	基本所得額免稅額度（個人）：750萬元	
	基本所得額免稅額度（營利事業）：60萬元	
	保險死亡給付免稅額度：3,740萬元	

根據新制，所得稅的級距有所調整，為了降低稅負負擔，部分免稅額的項目與上限也有提高，而在家庭的所得稅申報，會因為分別以夫或妻擔任納稅義務人而有差別，同時能列舉的項目也不同。

就稅務規劃的角度來說，如何節省稅金的支出，就是理財規劃可以安排與調整的空間了，像是投資利息所得、贈與與遺產稅務的規劃，妥善的安排以及預留稅金來源，才可以使資產順利增值而不是被稅金扣除掉，而稅務規劃就是：

(一)**將應稅所得轉為免稅所得**：合理又正確的稅務規劃，將原本應稅的所得透過參與其他操作，使應稅所得轉為免稅所得。像是買賣股票需繳交證券交易所得稅，但若是將股票參與除權，則股票、現金股利將合併在個人所得稅，且享有免稅額折扣。

(二)**增加列舉扣除額**：盡量使可列舉的項目增加，使被列為課徵的總稅額降低。

(三)**延緩所得的發生時點**：透過規劃投資組合的入場時間、結算時間等規劃操作，可以安排稅務的課徵時間點，使課徵的稅額計算基礎下降。

考點速攻

贈與稅納稅身分提到有登記戶籍，或者無居所但居留超過365天者，此身分的判斷可追溯至發生贈與行為前的兩年內是否符合。若是想要進行境外資產贈與免稅，就得放棄中華民國國籍，或者無國籍但在中華民國境內不居留超過365天。

二、贈與税規劃

在我國進行資產贈與的動作時，會課徵贈與税，此税務是採屬人兼屬地主義，也就是在國內有戶籍、或者無居所但居留超過365天者，將境內、境外任一資產贈與他人，都須納税。

贈與税的原則

(一)每一贈與人每年贈與給子女的免税額為244萬元（總額，非每一子女）。

(二)夫妻間相互贈與免税。

(三)每人在進行婚嫁行為時，父母可在結婚前6個月內贈與價值100萬內的財物免税。

(四)若是贈與人無法履行課税義務，將有受贈人負責、成為納税義務人。

(五)贈與財產的價值以贈與之時價為準，土地以評定價格、房屋以標準價格，股票以當日收盤價。

三、遺產税規劃

在我國當國人死亡後，剩餘財產需進行資產傳承時，需進行遺產税的課徵，此税法是屬人兼屬地主義。

(一)遺產税的原則

1.個人在全球各地的資產，都是遺產税計算範圍。

2.在遺產及贈與税法第16條規定，有各項不計入資產之範圍

(1)遺贈人、受遺贈人或繼承人捐贈各級政府及公立教育、文化、公益、慈善機關之財產。

(2)遺贈人、受遺贈人或繼承人捐贈公有事業機構或全部公股之公營事業之財產。

(3)遺贈人、受遺贈人或繼承人捐贈於被繼承人死亡時，已依法登記設立為財團法人組織且符合行政院規定標準之教育、文化、公益、慈善、宗教團體及祭祀公業之財產。

(4)遺產中有關文化、歷史、美術之圖書、物品，經繼承人向主管稽徵機關聲明登記者。但繼承人將此項圖書、物品轉讓時，仍須自動申報補税。

(5)被繼承人自己創作之著作權、發明專利權及藝術品。

(6)被繼承人日常生活必需之器具及用品，其總價值在七十二萬元以下部分。

(7)被繼承人職業上之工具，其總價值在四十萬元以下部分。

(8)依法禁止或限制採伐之森林。但解禁後仍須自動申報補稅。

(9)約定於被繼承人死亡時，給付其所指定受益人之人壽保險金額、軍、公教人員、勞工或農民保險之保險金額及互助金。

(10)被繼承人死亡前五年內，繼承之財產已納遺產稅者。

(11)被繼承人配偶及子女之原有財產或特有財產，經辦理登記或確有證明者。

(12)被繼承人遺產中經政府闢為公眾通行道路之土地或其他無償供公眾通行之道路土地，經主管機關證明者。但其屬建造房屋應保留之法定空地部分，仍應計入遺產總額。

(13)被繼承人之債權及其他請求權不能收取或行使確有證明者。

(二)遺產稅計算

1. 遺產總額＝全部遺產－不計入之遺產項目

2. 遺產課稅淨額＝遺產總額－免稅額－扣除額

3. 應納稅額＝課稅遺產淨額×稅率－累進差額－扣抵稅額及利息

> **考點速攻**
>
> 2020年遺產累進稅額為：
> (1)5,000萬以下10%。
> (2)5,000萬～1億元者超過5,000萬的部分15%。
> (3)1億元以上者超過1億元的部分20%。

在進行遺產稅規劃的步驟中，可分為：

1. 生前部分

(1)提早進行資產轉移，妥善運用贈與稅免稅額。

(2)訂立財產的分配比例。

(3)透過其他金融工具預留遺產稅稅源。

(4)設立遺囑信託，交給專業進行管理以達到理想的分配。

2. **死後部分**：若是生前來不及進行遺產規劃，很多節省稅源、移轉準備的動作都將無法進行，但是繼承人仍可把握遺產不計入的項目，以及小心地使用免稅額和可利用的扣除額。

最重要的是必須掌握報稅時限，以免受罰應納稅額兩倍的處分，而且若沒在繳納期限繳納，每超過2日都會加徵1%滯納金。

重點 3 全方面理財規劃 ★

在理財管理之下，全方位規劃就是指前面所有的規劃全涵蓋，從個人、家庭、子女、購屋、投資、稅務還有退休全部做一個完整、全面的規劃。

一、全生涯資產負債表（家庭規劃面）

可以說，是將全生涯會接觸的各種財務工具、收支情況、資產負債等等做個整合，也就是「全生涯資產負債表」的概念。

人生的資產負債表如下：

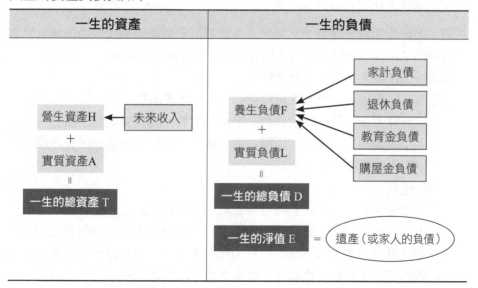

(一) **資產**：在資產的範圍下，有分為營生資產和實質資產，這之間的差異就是是否實際擁有。

(二) **負債**：在負債的範圍下，有分為養生負債和實質負債，這之間的差異就是目前是否實際背負。

考點速攻

營生資產＝未來收入折現值－未來支出折現值

二、保險缺口的補足（保險規劃面）

全方位的理財規劃概念裡，保險是規劃中很重要的一環，因為保險的作用最主要就是轉嫁身故、疾病、受傷等造成財務損失的風險，若是在進行理財規劃的項目中，不重視保險的安排，很可能會因為風險的發生，導致財務損失，嚴重侵蝕、壓迫到其他正在進行中的目標。

考點速攻

保障型壽險保費應占收入的10%為合理標準，若是再加上醫療險或意外險的話，可占收入的14%。

當發生風險的時候，家庭很有可能要面臨重要的經濟收入對象，永久無法工作、減少工作收入的情況，甚至是死亡。

同時，不同的職涯、身分、年紀，都影響著需要彌補的額度，而保險就是為了這樣的情況存在，以下分為兩種方法來計算符合個人情況的保險規劃。

(一) 彌補工作收入（淨收入彌補法）

應有壽險保額＝未來收入折現值－個人未來支出折現值

此種計算方法，就是將家庭收入來源的對象列為計算基礎，將他未來的收入以年金的方式折現，以現在的價值來評估最少應投保的保險額度，才能因應未來的支出。

(二) 照顧遺族

應有壽險保額＝目前扶養親屬年支出×年金現值因子－實質資產

又可以以年支出10倍為合理設定標準，此種計算方式，是計算目前家庭需要扶養的對象，以未來的年支出用年金現值推算出目前最少應投保的保險額度，才足夠負擔當自己發生事故後的家庭生活。

(三) 所得替代

是以被保險人死亡後無工作收入，而此被保險人為家庭經濟的重要支柱，其家庭支出得仰賴死亡理賠一次金、或其衍生的利息來生活。

遺族生活費＝理賠金（應有壽險保額）×存款利率

$$應有壽險保額＝\frac{遺族生活費}{存款利率}$$

三、 理財目標計畫（投資、購屋、子女、退休、稅務等規劃面）

如同前面的章節，生涯中會有許多養生負債（未來的支出），所以每個理財目標就如同一個負債一樣，是需要履行和完成的未來支出，目標額度跟年限都需要設立清楚。

當理財總供給能力超過目標需求現值的情況，代表有供給餘裕，代表未來的儲蓄與收入能力可以負擔，甚至可以提前進行贈與、遺產稅等規劃。

反之，若是供給能力低於目標需求現值，代表調整目標或者延後達成年限，或者想辦法提高投資的報酬率。

四、 全方位理財規劃的進行

在不同的理財規劃需求下，可以區分出不同的階層，如下圖：

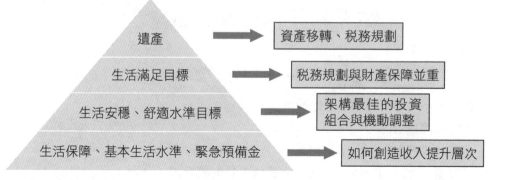

而全方位理財規劃的報告，應有下列幾點聲明

(一) 專業勝任說明。

(二) 保密條款。

(三) 所有分析是基於當前從客戶身上取得之資訊。

(四) 此報告是為了達成財務目標與需求。

(五) 其他應揭露事項（報酬來源、各專業人士之間的關係、與第三方合作的合作文件）。

而整個報告也會依照下面的內容進行編製：

(一)摘要、基本狀況。

(二)家庭財務報表和診斷。

家庭財務報表的編製，如前章節家庭規劃的部份說明進行，而診斷的部分則是依下列各項目來做分析診斷：

1.短期消費貸款比率＝$\dfrac{短期消費性貸款餘額}{年收入}$（此比率不宜＞25%）

2.融資比率＝$\dfrac{投資負債}{生息資產}$（此比率不宜＞70%）

3.整體負債比率＝$\dfrac{總負債}{總資產}$（此比率不宜＞80%）

4.消費率＝$\dfrac{消費支出}{總收入}$（此比率不宜＞80%）

5.財務負擔率＝$\dfrac{理財支出}{總收入}$（此比率不宜＞40%）

6.淨儲蓄率＝$\dfrac{淨儲蓄}{總收入}$（此比率不宜＞15%）

(三)客戶的理財目標與風險屬性。

(四)總體經濟的假設。

(五)達成理財目標的解決方案。

(六)擬定可運用的投資、保險、其他工具配置計畫。

(七)定期檢討與風險結果的充分說明。

牛刀小試

(　　) **1** 下列何種狀況下可以領到勞退舊制的勞工退休金？　(A)在同一家公司由39歲做到49歲　(B)在同一家公司由38歲做到滿55歲　(C)工作30年換了三家公司每家作10年　(D)在同一家公司由28歲做到50歲。　　　　　　　　　　　【第30屆理財人員】

( ) **2** 依勞退舊制規定，勞工最多可領幾個基數的退休金？ (A)35 (B)40 (C)45 (D)50。 【第30屆理財人員】

( ) **3** 下列何者的利息所得是採用分離課稅？ (A)股票 (B)票券 (C)活期存款 (D)定期儲蓄存款。 【第30屆理財人員】

( ) **4** 在全方位規劃中同樣有衡量家庭財務結構的指標，而這些指標的敘述何者不正確？ (A)若家庭淨值投資比率>1，代表有借錢投資 (B)負債比率之計算，包含消費負債、投資負債 (C)投資資產比重愈低，淨值投資比率愈高 (D)負債比率愈低，財務負擔愈輕。

解答與解析

1 (B)。 勞退舊制規定，勞退舊制的勞工退休金適用條件，勞工工作十五年以上年滿五十五歲者或工作二十五年以上，得自請退休。

2 (C)。 按工作年資，每滿一年給與兩個基數。但超過十五年之工作年資，每滿一年給與一個基數，最高總數45個基數為限。

3 (B)。 短期票券：指一年期以內到期之國庫券、可轉讓銀行定期存單、公司與公營事業機構發行之本票或匯票及其他經目的事業主管機關核准之短期債務憑證等之利息所得，即規定採10%比例稅率分離課稅，稅款由扣繳義務人扣繳後，即不再併入納稅義務人之綜合所得課稅。

4 (C)

Part 3　成功是99%的努力＋1%幸運

Day 10　練習、練習、再練習

歷屆試題｜第一回

理財工具

( )　**1** 有關成立金融控股公司的優點，下列何者敘述錯誤？
(A)客戶資源的共享　　　　　(B)作業平台的整合
(C)一次購足的服務　　　　　(D)營運風險的分散。　【第30屆】

( )　**2** 依我國保險法規定，保險業應按其資本或基金實收總額的多少百分比，繳存保證金於國庫？
(A)百分之十　　　　　　　　(B)百分之十五
(C)百分之二十　　　　　　　(D)百分之二十五。　　【第23屆】

( )　**3** 下列何者不是貨幣市場之交易工具？
(A)國庫券　　　　　　　　　(B)商業本票
(C)債券附買回交易　　　　　(D)可轉換公司債。　　【第40屆】

( )　**4** 有關委託購買證（A／P）之敘述，下列何者錯誤？
(A)A／P的匯票是以進口商為付款人
(B)進口商申請開立A／P所繳交之保證金一般較L／C為高
(C)A／P受益人可持票向任何銀行請求讓購
(D)乃進口地銀行應進口商申請，開發給它在出口地之通匯銀行的授權書。　　　　　　　　　　　　　　　　【第20屆】

( )　**5** 根據兩因素之APT模型，若無風險利率為7%，且影響股票預期報酬之第一因素的貝它係數（Beta）與風險溢酬分別為1.8及

2.5%，第二因素之Beta與風險溢酬分別為0.6及1.2%，則該股票之預期報酬為何？

(A)11.38%　　　　　　　　　(B)15.36%

(C)12.22%　　　　　　　　　(D)9.58%。　　　【第20屆】

(　) **6** 保險公司對旅行平安險被保險人醫療費用之給付，一般最高以保險金額的多少為限？

(A)1%　　　　　　　　　　　(B)5%

(C)10%　　　　　　　　　　(D)15%。　　　　【第20屆】

(　) **7** 在押匯作業中，進口商利用下列哪一種方式清償貨款，對出口商而言風險最高？

(A)L／C（信用狀交易）　　　(B)D／A（託收承兌交單）

(C)D／P（託收付款交單）　　(D)O／A（記帳）。　【第25屆】

(　) **8** 有關國內生產毛額（GDP）與國民生產毛額（GNP）二者間的關係，下列等式何者正確？

(A)GDP＋國外要素所得收入淨額＝GNP

(B)GDP＋淨輸入＝GNP

(C)GDP＋淨輸出＝GNP

(D)GDP＋政府移轉收入淨額＝GNP。　　　　　【第25屆】

(　) **9** 目前銀行的信託部接受客戶申購基金，其與投信公司所簽訂的契約為下列何者？

(A)投資契約　　　　　　　　(B)信託契約

(C)代銷契約　　　　　　　　(D)承銷契約。　　【第25屆】

(　)**10** 景氣循環包括擴張期與收縮期，下列何者不屬於收縮期之階段？

(A)復甦　　　　　　　　　　(B)緩滯

(C)衰退　　　　　　　　　　(D)蕭條。　　　　【第27屆】

(　)**11** 乙種國庫券係由政府委託下列何者代為發行？

(A)財政部　　　　　　　　　(B)中央銀行

(C)臺灣銀行　　　　　　　　(D)經濟部。　　　【第27屆】

( ) **12** 投資人於4月1日以150元買進A公司股票20,000股,於4月6日以
180元賣出,買賣手續費皆為千分之1.425,該投資人所支付之證
券買賣費用為多少元?
(A)20,205元 (B)15,935元
(C)9,410元 (D)15,080元。 【第27屆】

( ) **13** 工業銀行發行之金融債券,其發行總餘額不得超過該行調整後淨
值的幾倍?
(A)五倍 (B)六倍
(C)七倍 (D)八倍。 【第19屆】

( ) **14** 貨幣市場工具商業本票之優點為安全性高、流動性強、利息優
厚,目前其票券利息收入稅負採何種方式計算?
(A)併入個人綜合所得或營利事業所得申報
(B)20%分離課稅
(C)免稅
(D)10%分離課稅。 【第40屆】

( ) **15** 有關股價連結組合式商品,下列敘述何者錯誤?
(A)股價連結組合式商品得連結之標的有個股、一籃子股票與股
價指數
(B)依據對未來股價或指數之上下波動之預測作架構
(C)產品收益會受股價或指數選擇權價值影響
(D)臺灣 50指數股票型基金不得為連結之標的。 【第40屆】

( ) **16** 投資者的策略如下:買進台指選擇權4,500買權,權利金為250;
賣出台指選擇權4,700買權,權利金為150,此組合策略的損益平
衡點為多少?
(A)4,500 (B)4,700
(C)4,400 (D)4,600。 【第19屆】

( ) **17** 下列何種金融機構可經營全權委託投資業務?
(A)保險公司 (B)信託投資公司
(C)證券公司 (D)證券投資顧問公司。
【第31屆】

( ) **18** 基於被保險人之利益，代向保險人洽訂保險契約，而向承保之保
險業收取佣金之人，係指下列何者？
(A)保險業務員 　　　　　　(B)保險代理人
(C)保險經紀人 　　　　　　(D)要保人。 　　　　　　【第31屆】

( ) **19** 某公司發行30天期商業本票1,000萬元，承銷利率為2.5%，若以
其所支付利息計算（不包括簽證、承銷及保證費），實際資金成
本為何？
(A)小於2.5%
(B)等於2.5%
(C)大於2.5%
(D)資料不足，無法計算。 　　　　　　【第31屆】

( ) **20** 根據銀行法第71條規定，下列何者屬於商業銀行業務範圍？
(A)承銷有價證券
(B)辦理政府債券自行買賣業務
(C)保證發行公司債券
(D)擔任股票及債券發行簽證人。 　　　　　　【第42屆】

( ) **21** 有關國發會編製的景氣動向指標，下列敘述何者錯誤？
(A)股價指數及實質貨幣總計數均是領先指標
(B)工業生產指數及長短期利率利差均是同時指標
(C)失業率及製造業存貨價值均是落後指標
(D)領先指標至少要連續三個月上升或下降，才能預測經濟趨勢
已有所改變。 　　　　　　【第42屆】

( ) **22** 投保下列何種保險受益人不一定領得到保險金？
(A)定期壽險 　　　　　　(B)終身壽險
(C)養老保險 　　　　　　(D)生死合險。 　　　　　　【第19屆】

( ) **23** 下列何者非屬工業銀行提供中長期信用之業別？
(A)礦業 　　　　　　(B)交通
(C)農漁業 　　　　　　(D)其他公用事業。 　　　　　　【第24屆】

（　）**24** 五年期公債之面額10萬元、票面利率6%，市價為11萬元，則其「到期殖利率（YTM）」為下列何者？
(A)小於6%　　　　　　　　(B)等於6%
(C)大於6%　　　　　　　　(D)無法判斷。　　　【第24屆】

（　）**25** A先生購買距到期日僅剩兩年之公債100元，其票面利率為2%，每年付息一次，若目前市場利率為3%，則該券之存續期間為何？（取最接近值）
(A)1.83年　　　　　　　　(B)1.98年
(C)2年　　　　　　　　　　(D)2.05年。　　　【第24屆】

（　）**26** A公司今年度每股現金股利5元，且股利成長率為2.5%，國庫券利率為3%，股市預期報酬率為13%，A公司股票之β係數為1.2，依現金股利折現模式計算，A公司股票之每股價格應為何？
(A)65元　　　　　　　　　(B)41元
(C)32.5元　　　　　　　　(D)26元。　　　【第24屆】

（　）**27** 工業銀行不得從事下列何種業務？
(A)投資有價證券　　　　　(B)辦理國內外匯兌
(C)收受個人存款　　　　　(D)發行金融債券。　【第25屆】

（　）**28** 有關「外匯市場交易工具」之敘述，下列何者錯誤？
(A)即期外匯交易應於成交次日辦理交割
(B)外匯保證金交易通常以美元為基礎貨幣作結算
(C)遠期外匯交易的期限通常是以月計算
(D)外匯旅行支票之買賣屬於外匯現鈔交易。　　【第25屆】

（　）**29** 下列何者不是貨幣基金的特質？
(A)低風險性　　　　　　　(B)低安全性
(C)高流動性　　　　　　　(D)高收益率。　　【第25屆】

（　）**30** 下列敘述何者錯誤？
(A)國內債券可分為政府公債、金融債券、公司債與國際金融組織新台幣債券
(B)依發行形式可分為實體公債與無實體公債
(C)依票息之有無可分為固定利息債券、浮動利息債券與零息債券
(D)依債權之性質可分為普通債券與特別股。　　【第25屆】

( ) **31** 針對可轉換公司債的敘述，下列何者錯誤？
(A)在無債信疑慮下隨時購買有保本的好處
(B)在無債信疑慮下價格下跌有支撐
(C)可間接參與標的公司除權
(D)可轉債市價與標的股價有關。 【第25屆】

( ) **32** 有關我國金融機構之業務，下列敘述何者正確？
(A)工業銀行不得收受金融機構之轉存款
(B)證券經紀商受託買賣有價證券之行為稱為承銷
(C)收受個人存款，為工業銀行與商業銀行共同之業務範圍
(D)根據銀行法第4條之規定，銀行有關外匯業務之經營需經財政部之許可。 【第40屆】

( ) **33** 依資本資產訂價模式，若國庫券利率為5%，股市的預期報酬率為10%，個股之β係數為1.2，則該股票之預期報酬率為多少？
(A)5% (B)10%
(C)11% (D)12%。 【第18屆】

( ) **34** 有關國內期貨市場之結算機制，下列敘述何者錯誤？
(A)期交所對所有結算會員收取結算保證金
(B)期貨商與結算會員間有保證金撥轉
(C)期貨商對交易人之保證金多寡可自行決定
(D)盤中與盤後都會進行保證金是否充足的試算。 【第18屆】

( ) **35** 就技術分析而言，下列何項指標代表買進訊號？
(A)隨機指標（KD值）在20以下，且K值大於D值時
(B)相對強弱指標（RSI）值高於80時
(C)乖離率（Bias）達12%至15%時
(D)威廉指標值低於20時。 【第41屆】

( ) **36** 依主管機關頒布之「傷害保險單示範條款」規定，下列何者非屬所列「除外責任」之原因？
(A)被保險人之故意行為
(B)要保人犯罪行為
(C)內亂及其他類似的武裝變亂
(D)因原子能裝置所引起的爆炸。 【第18屆】

( ) **37** 有關證券商之敘述，下列敘述何者錯誤？
(A)證券承銷商係指主管機關特許經營有價證券之行紀或居間之證券商
(B)證券自營商其最低實收資本額為新台幣四億元
(C)證券經紀商依規定應存入指定銀行之營業保證金為新台幣五千萬元
(D)證券商應於每月十日以前，向金管會申報上月份會計科目月計表。 【第21屆】

( ) **38** 工業銀行可辦理存款及外匯業務對象不包括下列何者？
(A)一般個人
(B)財團法人
(C)依法設立之保險業
(D)政府機構。 【第21屆】

( ) **39** 由下往上（Bottom-Up Approach）的投資分析標準程序，係依一定判斷指標，比較所有股票的業績及其市價，下列敘述何者錯誤？
(A)公司是否處於獲利情況
(B)銷售量是否持續成長
(C)市價／帳面價值比是否低於兩倍
(D)資本市場分析。 【第21屆】

( ) **40** 下列何者非屬「失能保險」對「失能」的定義？
(A)無法從事任何有收益性的工作
(B)完全無法從事適合其教育訓練及經驗之任何工作
(C)完全無法從事原有的工作
(D)完全無法從事符合其興趣的工作。 【第42屆】

( ) **41** 如信託的受益人是享有按期定額給付信託利益的權利時，應以每年受益人享有信託利益的數額，在贈與時依下列何種固定利率，按年複利折算現值的總和計算贈與稅？
(A)中央銀行公告的固定利率
(B)財政部公告的固定利率
(C)郵政儲金匯業局一年期定期儲金的固定利率
(D)臺灣銀行一年期定期存款的固定利率。 【第21屆】

( ) **42** 信用連結組合式商品的連結標的為下列何者？
(A)利率參考指標　　　　　　(B)匯率參考指標
(C)信用參考指標　　　　　　(D)獲利率參考指標。　【第21屆】

( ) **43** 有關債券之敘述，下列何者錯誤？
(A)一般債券之存續期間小於到期日
(B)零息債券之存續期間等於到期日
(C)殖利率較低，則存續期間較短，票面利率愈高，其存續期間
　也愈長
(D)債券的存續期間是指將債券各期收益加以折現，並用時間加
　權計算推斷需多少年才能回收其固定成本。　【第42屆】

( ) **44** 多倍型養老保險其實是哪二種商品的結合？
(A)保額相同的定期保險與生存保險
(B)多個定期保險與一個生存保險
(C)保額相同的養老保險與終身保險
(D)多個養老保險與一個終身保險。　【第42屆】

( ) **45** 台灣股票交易中，下列何者為一般交易與盤後定價交易之最大差
別？
(A)前者之交易時間為交易所營業日之上午九時到下午一時三十
　分，後者為下午一時三十分至二時
(B)前者之交易單位為千股或其倍數，後者之交易單位為小於千股
(C)前者依交易雙方之報價，進行競價成交，後者成交價之計算
　基礎則為一般交易之收盤價
(D)前者所有交易人均可下委託單，後者則僅限於鉅額委託單。
　【第41屆】

( ) **46** 有關匯率連結組合式商品之特性，下列敘述何者錯誤？
(A)必為保本型商品
(B)購買或賣出之匯率選擇權，可以為買權亦可為賣權
(C)選擇權不被執行時，原存款本金不被轉換
(D)適合有兩種幣別需求之客戶。　【第40屆】

( ) **47** 有關組合式商品架構之產品特性，下列敘述何者錯誤？
(A)以存款來架構組合式商品，目前存款利息收入部分係以分離課稅方式扣繳20%稅款
(B)信用連結組合式商品係為一種非保本型商品
(C)利率連結組合式商品在架構上係運用利率選擇權（IRO）商品，再結合利率交換（IRS）商品
(D)投資以存款為連結之組合式商品，必須承受該投資所存入之銀行信用風險。 【第18屆】

( ) **48** 下列各類型基金之風險高低順序為何？ (1)積極成長型基金
(2)收益型基金 (3)成長加收益型基金 (4)成長型基金
(A)(1)＞(2)＞(3)＞(4)
(B)(1)＞(3)＞(4)＞(2)
(C)(1)＞(4)＞(3)＞(2)
(D)(1)＞(2)＞(4)＞(3)。 【第27屆】

( ) **49** 某單向報價的基金，其申購手續費3%，基金經理費1.5%，基金保管費0.2%，請問投資人申購20萬元基金，除20萬元投資金額外，另須額外支付費用多少元？
(A)6,000元 (B)6,600元
(C)12,000元 (D)12,600元。 【第27屆】

( ) **50** 某投資人買入淨值10元免申購手續費之A基金10萬元，當基金跌至8元時轉換至淨值為20元之B基金（轉換手續費內扣0.5%），至B基金漲至24元時贖回，請問該投資人的最後損益為何？
(A)獲利4,478元 (B)損失4,480元
(C)損失5,522元 (D)獲利5,522元。 【第27屆】

解答與解析

1 (D) 2 (B) 3 (D) 4 (C)

5 (C) 6 (C) 7 (D) 8 (A)

9 (A) 10 (A) 11 (B)

12 (A)。 買進時150元×20,000股×0.001425＝4,275元；賣出時180元×20,000×（0.001425＋0.003）＝15,930元。4,275＋15,930＝20,205元

0.003＝0.3%的證交稅，賣出時需要計算。

13 (B) 14 (D) 15 (D)

16 (D)。 買進權利金250－賣出權利金150＝100，所以4700買權－100為4600平衡。

17 (D) 18 (C) 19 (C) 20 (C)

21 (B) 22 (A) 23 (C)

24 (A)。 10萬元×6%票面利率＝6,000元，6,000／11萬元＝0.0545＝約5.45%，所以小於6%。

25 (B)。 [2／（1+3%）+2×2／（1+3%）²+2×100／（1+3%）²]／[2／（1+3%）+2／（1+3%²）+100／（1+3%²）]
＝194.23131／98.086529
＝1.98

26 (B)。 預期報酬率＝無風險利率＋β係數×（市場報酬率－無風險利率）＝3%＋1.2×（13%－3%）
＝15%
高登模式P＝D×（1+g）／（k－g）
＝5×（1+2.5%）／15%－2.5%＝41

27 (C) 28 (A) 29 (B) 30 (D)

31 (A) 32 (A) 33 (C) 34 (C)

35 (A) 36 (B) 37 (A) 38 (A)

39 (D) 40 (D) 41 (C) 42 (C)

43 (C) 44 (B) 45 (C) 46 (A)

47 (A) 48 (C)

49 (A)。 投資僅需另支付手續費，20萬×3%＝6,000（元）

50 (B)。 8萬×（1-0.5%）／20元×24元＝95,520元
100,000-95,520＝4,480元（損失）

💲 理財規劃實務

(　　) **1** 銀行辦理財富管理業務，應充分了解客戶，有關其作業準則，下列何者錯誤？

(A)無論金額大 小及條件，一律不得拒絕接受客戶委託

(B)應訂定開戶審查及核准程序

(C)應評估客戶投資能力

(D)應定期檢視 客戶財務業務變動狀況。　　　　　　【第40屆】

(　　) **2** 對一位理財規劃人員而言，引導客戶需求分析應該掌握的 "TOPS" 原則為下列何者？

(A)Trust（信任），Optimistic（樂觀），Pain（負面避免痛苦），Solution（解決方案）

(B)Trust（信任），Opportunity（機會），Positive（正面思考），Solution（解決方案）

(C)Trust（信任），Optimistic（樂觀），Positive（正面思考），Solution（解決方案）

(D)Trust（信任），Opportunity（機會），Pain（負面避免痛苦），Solution（解決方案）。　　　　　【第26屆】

(　　) **3** 對於以理財目標進行資產配置的原則，下列何者正確？

(A)理財目標的年限越短，越應該用風險性資產來達成

(B)短期目標若是金額確定，應該選擇可保障投資成果的投資工具

(C)理財目標的年限越短，風險性資產的不確定性就越小

(D)理財目標的年限越長，風險性資產的不確定性就越大。

【第40屆】

(　　) **4** 有關家庭財務比率之分析，下列敘述何者錯誤？

(A)理財成就率愈大，表示過去理財成績愈佳

(B)利率敏感度分析，係基於機動利率之假設，衡量利率水準有明顯變化時對個人存借款之影響

(C)儲蓄額加上投資利得等於資產變動額，資產成長率表示此家庭財富增加的速度

(D)資產成長率=年儲蓄×投資報酬率+生息資產×收入週轉率。

【第41屆】

( ) **5** 有關家庭財務比率之分析，下列敘述何者錯誤？
(A)理財成就率愈大，表示過去理財成績愈佳
(B)利率敏感度分析，係基於機動利率之假設，衡量利率水準有明顯變化時對個人存借款之影響
(C)儲蓄額加上投資利得等於資產變動額，資產成長率表示此家庭財富增加的速度
(D)資產成長率=年儲蓄×投資報酬率+生息資產×收入週轉率。

【第41屆】

( ) **6** 房屋出售時需繳交土地增值稅，在出售自用住宅用地時，民眾可享受一生一次的低稅率，此稅率為多少？
(A)10%
(B)20%
(C)30%
(D)視個人條件而有差異。 【第30屆】

( ) **7** 有關零息債券的目前價值之計算公式，下列敘述何者正確
(A)債券面值×複利現值係數（剩餘年限，市場殖利率）
(B)債券面值×複利終值係數（剩餘年限，市場殖利率）
(C)債券面值×年金現值係數（剩餘年限，市場殖利率）
(D)債券面值×年金終值係數（剩餘年限，市場殖利率）。

【第40屆】

( ) **8** 被繼承人死亡前六年，繼承之財產已納遺產稅者，在計算遺產稅時，可自遺產總額中扣除多少？
(A)20% (B)40%
(C)60% (D)80%。 【第26屆】

( ) **9** 小蘭是某公司的職員，每月薪資收入為10萬元，家庭基本支出為6萬元，想在一年內存24萬元，則其邊際儲蓄率目標為何？
(A)20% (B)30%
(C)40% (D)50%。 【第29屆】

(　　) **10** 黃先生現年50歲，已工作30年，假設其每年稅後收入120萬元，支出90萬元，若合理的理財收入為淨值的5%，則其財務自由度為何？

(A)40%　　　　　　　　　　(B)50%

(C)60%　　　　　　　　　　(D)70%。　　　　　【第30屆】

(　　) **11** 陳老師現年43歲，3年前投資300萬元於某基金，在預期某固定年投資報酬率下，計劃61歲累積達1,020萬元時即予退休。惟因投資績效不彰，當初300萬元至目前只剩下250萬元。假設往後每年均能達成原先所預期之年投資報酬率且陳老師擬將退休時間提前至58歲，則其自現在起，每年應至少另再投資多少金額，才能達成新設定目標？（取最接近值）

(A)21.62萬元　　　　　　　(B)20.24萬元

(C)19.16萬元　　　　　　　(D)18.08萬元。　　　【第21屆】

(　　) **12** 張太太擬出外上班，如果上班後每月要增加服裝化妝品5,000元、交通費5,000元、外食費5,000元、保母費30,000元，以適用邊際稅率20%而言，則張太太每月稅前薪資收入額至少應為多少才划算？

(A)15,250元　　　　　　　　(B)30,000元

(C)45,250元　　　　　　　　(D)56,250元。　　　【第41屆】

(　　) **13** 依勞工退休金條例之規定，雇主每月負擔之勞工退休金提繳率不得低於勞工每月工資之多少百分比？

(A)2%　　　　　　　　　　　(B)3%

(C)5%　　　　　　　　　　　(D)6%。　　　　　【第24屆】

(　　) **14** 某甲目前月薪50,000元，參加勞退新制，雇主之提撥率為6%，投資報酬率5%，假設AP（5%，30）＝15.372，AF（5%，30）＝66.439，且不考慮收入成長率，請問其30年後退休時之個人帳戶累積金額為若干？（取最接近值）

(A)23萬元　　　　　　　　　(B)55萬元

(C)239萬元　　　　　　　　(D)280萬元。　　　【第25屆】

( )**15** 美國大型股票基金過去10年的平均報酬率為10%，標準差為20%，若以一個常態分配為例，未來報酬率超過30%的機會約為何？

(A)66% (B)33%

(C)17% (D)5%。 【第41屆】

( )**16** A君的投資組合包含甲、乙、丙三家公司股票，其占投資組合比重分別為30%、25%及45%，假設甲、乙及丙公司個股股票期望投資報酬分別為10%、8%及9%，請問A君的整體投資組合報酬率約為何？

(A)6% (B)7%

(C)8% (D)9%。 【第27屆】

( )**17** 將投資10年以上的報酬率之上、下限區間，與單年期的投資報酬率之上、下限區間相比較，下列敘述何者較符合實證之事實？

(A)10年報酬率，其上下限區間較集中

(B)單年期報酬率，其上下限區間較集中

(C)兩者之上下限區間，大致相同

(D)兩者並無穩定之關係。 【第27屆】

( )**18** 某甲目前月薪為5萬元，每月支出4萬6千元，打算20年後退休，預計退休後每月支出淨減少1萬5千元，假設收入成長率等於通貨膨脹率，則其退休後所得替代率為多少？（取最接近值）

(A)46% (B)50%

(C)55% (D)62%。 【第28屆】

( )**19** 目前大學四年教育花費須40萬元，學費年成長率為5%。陳先生打算用定期定額為6歲的女兒準備其18歲時就讀大學之教育準備金，年報酬率為8%。若考慮購屋計畫，將由女兒12歲時開始準備教育金，不考慮購屋計畫則可立即開始準備，則兩種計畫的每年準備金額差距多少？（取最接近值）

(A)考慮購屋計畫時每年須多準備60,072元

(B)不考慮購屋計畫時每年須多準備60,072元

(C)考慮購屋計畫時每年須多準備34,356元

(D)不考慮購屋計畫時每年須多準備34,356元。 【第22屆】

( ) **20** 比較房貸利率時要以至少10年期的平均利率來相較，假設無其他
轉貸成本舊房貸利率為4%，新房貸利率第一年2%，第二年3%，
第三年4%，第四年以後5%，請問其10年平均利率與舊房貸利率
相較為何？
(A)高0.2%，轉貸不划算
(B)低0.2%，可以轉貸
(C)高0.4%，轉貸不划算
(D)低0.4%，可以轉貸。 【第21屆】

( ) **21** 王經理計劃投資房地產，現今他看上一棟房屋，以1,000萬元購
置，打算先出租15年後再以當時價格800萬元售出。假設欲達成
每年5%之投資報酬率，則此15年期間每年之淨租金收入至少應
為何？（取最接近值）
(A)59.27萬元　　　　　　　　(B)58.43萬元
(C)57.61萬元　　　　　　　　(D)56.83萬元。 【第23屆】

( ) **22** 趙太太育有一對孿生子女，現年均為5歲。計畫其18歲時分別進
入公私立大學就讀。假設目前公立大學學費100萬元，每年成長
5%，私立大學學費150萬元，每年成長3%，趙太太現在起以每
年投資定期定額基金方式準備子女教育基金，假設該基金年報
酬率為8%，則趙太太每年至少需投資多少金額才夠子女就讀大
學？（取最接近值）
(A)16萬元　　　　　　　　　(B)17萬元
(C)18萬元　　　　　　　　　(D)19萬元。 【第26屆】

( ) **23** 王小姐婚後，擬出外工作，她的丈夫目前薪資不錯，適用30%的
邊際稅率，若保母費用每月25,000元，上班後置裝費每月5,000
元，交通費每月5,000元，則上班後王小姐每月稅前薪資至少應
為多少，才值得出外上班？
(A)35,000元　　　　　　　　(B)50,000元
(C)11,667元　　　　　　　　(D)26,923元。 【第28屆】

( ) **24** 有關房屋貸款計息之方式，下列敘述何者錯誤？
(A)本金平均攤還房貸，每月償還本金及利息總金額遞減
(B)本金平均攤還房貸，每月償還利息金額遞減

(C)本利平均攤還房貸，每月償還利息金額遞減

(D)本利平均攤還房貸，每月償還本金及利息總金額遞減。【第23屆】

( ) **25** 小張有一市價1200萬元的房屋，想再10年後換購目前市價2,000萬元的別墅，假設房價每年以3%成長，請問10年後換屋應補的房價為多少？（四捨五入至萬元）

(A)1,075萬元 　　　　　(B)1,080萬元

(C)1,090萬元 　　　　　(D)1,100萬元。　　　　【第24屆】

( ) **26** 下列項目之先後順序應如何安排，才是合理的理財規劃流程？
I.與客戶訪談，確認理財目標　II.定期檢視投資績效　III.提出理財建議　IV.協助客戶執行財務計畫　V.蒐集財務資料

(A)III, I, V, IV, II 　　　　(B)V, I, III, II, IV

(C)I, V, IV, III, II 　　　　(D)I, V, III, IV, II。　【第42屆】

( ) **27** 淨值成長率是代表個人累積淨值的速度，想提升淨值成長率，下列何項方法是有效的？

(A)提高淨值占總資產的比重

(B)提高生息資產占總資產的比重

(C)提高薪資收入與理財收入相對比率

(D)降低薪資儲蓄率。　　　　　　　　　　　　　【第42屆】

( ) **28** 在經濟金融領域通常使用常態分配，以常態分配表示事件機率、平均值與標準差，在平均值加減兩個標準差間的機率為下列何者？

(A)42.57% 　　　　　(B)68.27%

(C)95.45% 　　　　　(D)99.73%。　　　　　　【第26屆】

( ) **29** 李小姐申請房屋貸款600萬元，年利率2%，貸款期間20年，約定採本利平均攤還法按年期清償；然其於償還第10期本利和後，因手中有一筆閒錢150萬元，故即刻將之用於提前還款，惟貸款利率調升為3%，其他條件維持不變。則自此之後，李小姐每期所須償還之本利和較前10期減少多少元？（取最接近值）

(A)152,518元 　　　　　(B)154,086元

(C)156,362元 　　　　　(D)158,274元。　　　　【第28屆】

( ) **30** 在計算幾何平均年報酬率與算術平均年報酬率時，若二者之總報酬率與投資年數相同，且投資期間超過1年，下列敘述何者正確？

(A)複利年平均報酬率一定低於單利年平均報酬率，且投資年數愈長差異愈大

(B)複利年平均報酬率一定高於單利年平均報酬率，且投資年數愈長差異愈大

(C)複利年平均報酬率一定低於單利年平均報酬率，且投資年數愈長差異愈小

(D)複利年平均報酬率一定高於單利年平均報酬率，且投資年數愈長差異愈小。　　　　　　　　　　　【第28屆】

( ) **31** 假設35歲的小陳想要在60歲退休時擁有2,000萬元，若某金融商品年投資報酬率為5%，則其目前應準備多少資金投資於該商品？（取最接近值）

(A)585萬元　　　　　　　　(B)590萬元

(C)595萬元　　　　　　　　(D)600萬元。　　　　【第30屆】

( ) **32** 下列敘述何者錯誤？

(A)一個家計預算規劃，可以概分為「月儲蓄預算」與「年儲蓄預算」兩部分

(B)月儲蓄預算為當月薪資、佣金、房租、利息收入，扣除當月食衣住行育樂等及房貸支出後應有的金額

(C)本息平均攤還之房屋貸款是調節前後兩個月現金流量不平衡的工具

(D)年儲蓄除了可以用來提前償還部分貸款外，亦可用於整筆投資、年繳之保費或年度贈與。　　　　　　　　【第22屆】

( ) **33** 有關生涯規劃高原期理財活動的敘述，下列何者正確？

(A)家庭型態以父母家庭為生活重心

(B)理財活動以量入節出存自備款為主

(C)投資工具以定存標會、小額信託為主

(D)保險計畫以滿期金轉退休年金為宜。　　　　　　【第25屆】

( ) **34** 銀行的一年定期存款利率為2％,而某結構型商品一年提供7％之
報酬率,若A君每月固定支出為5萬元,則以一年緊急預備金來
投資上述商品之機會成本為多少?
(A)1萬元　　　　　　　　　(B)1.2萬元
(C)2.5萬元　　　　　　　　(D)3萬元。　　　　　　【第23屆】

( ) **35** 家庭平均消費結構之分析,可做為下列哪一事項之參考?
(A)預計未來所得成長
(B)預計家庭資產淨值
(C)擬訂家庭之預算支出
(D)編製個人的資產負債。　　　　　　　　　　　【第24屆】

( ) **36** 如果一間12坪的早餐店店面租金每月租金3萬元,店面市場平均
收益率5％,則以收入還原法來計算此間店面每坪的市值應為多
少元?
(A)36萬元　　　　　　　　　(B)48萬元
(C)60萬元　　　　　　　　　(D)72萬元。　　　　　　【第21屆】

( ) **37** 下列何項遺產,非屬「不計入遺產總額」項目?
(A)遺贈人捐贈各級政府之財產
(B)被繼承人死亡前5年內,繼承之財產已納遺產稅者
(C)約定於被繼承人死亡時,給付其指定受益人之人壽保險金額
(D)當被繼承人死亡時,繼承人捐贈繼承之財產予尚未完成設立
　　登記為財團法人之慈善團體。　　　　　　　　　【第42屆】

( ) **38** 用「淨收入彌補法」計算保險需求時,下列敘述何者錯誤?
(A)年紀越高,保險需求越低
(B)個人支出占所得比重越大,保險需求越高
(C)個人收入成長率越高,保險需求越高
(D)投資報酬率越高,保險需求越低。　　　　　　　【第42屆】

( ) **39** 有關購買本國壽險公司之人身保險在稅賦之優惠,下列敘述何者
錯誤?
(A)以納稅義務人本人為要保人兼被保險人,所繳保費於限額內
　　可申報列舉扣除

(B)自保險公司取得之保險給付屬免稅所得

(C)約定於被繼承人死亡時，給付其所指定受益人之人壽保險金額不計入遺產總額課稅

(D)僅在遺產稅上有優惠，在所得稅上並無稅賦效果。　【第21屆】

(　) **40** 下列對於贈與稅的敘述，何者錯誤？

(A)申報期限是三十天

(B)父母將資金匯到海外與子女共同持有之「聯名帳戶」，即發生贈與行為

(C)個人股東將錢贈與公司，不課徵贈與稅

(D)父母於子女婚嫁時所贈與之財物總金額若為一百萬元，則其可不計入贈與總額。　【第21屆】

(　) **41** 用「淨收入彌補法」計算保險需求時，下列敘述何者錯誤？

(A)年紀越高，保險需求越低

(B)個人支出占所得比重越大，保險需求越高

(C)個人收入成長率越高，保險需求越高

(D)投資報酬率越高，保險需求越低。　【第23屆】

(　) **42** 林襄理目前有生財資產200萬元，投資於定存，年報酬率為2%，預計12年後，購置當時價值970萬元的新屋，則另須連續12年每年投資40萬元於報酬率至少達若干之投資工具，方能達成其目標？（取最接近值）

(A)7%　　　　　　　　　　(B)6%

(C)5%　　　　　　　　　　(D)4%。　【第23屆】

(　) **43** 綜合所得稅之列舉扣除額中，房屋租金支出扣除額，每一申報戶以多少數額為上限？

(A)300,000元　　　　　　　(B)120,000元

(C)200,000元　　　　　　　(D)75,000元。　【第24屆】

(　) **44** 下列何種方法，係以遺族一生支出現值扣減已累積的生息淨值而得之應投保金額？

(A)收入彌補法　　　　　　　(B)遺族需要法

(C)所得替代法　　　　　　　(D)變額年金法。　【第24屆】

(　) **45** 有關我國繼承之規定，下列敘述何者正確？

(A)祖父母的特留分為其應繼分二分之一

(B)配偶的特留分為其應繼分二分之一

(C)配偶與被繼承人之祖父母同為繼承時，配偶的應繼分為遺產的二分之一

(D)配偶與被繼承人之直系血親卑親屬同為繼承時，配偶的應繼分為遺產的二分之一。　　　　　　　　　　【第24屆】

(　) **46** A君之所得稅邊際稅率為30%，若收入增加2,000元，則稅後收入可增加多少元？

(A)600元　　　　　　　　(B)1,200元

(C)1,400元　　　　　　　(D)2,600元。　　　【第28屆】

(　) **47** 當景氣向上機率為50%時，基金B預期報酬率5%，景氣持平機率為40%時，基金B預期報酬率為0%；景氣向下機率為10%時，基金B預期報酬率為－5%。則其標準差為何？（取最接近值）

(A)2.87%　　　　　　　　(B)3.32%

(C)4.53%　　　　　　　　(D)5.29%。　　　【第21屆】

(　) **48** 有關勞工退休金條例之規定，下列敘述何者錯誤？

(A)雇主每月負擔之勞工退休金提繳率，不得低於勞工每月工資百分之六

(B)勞工年滿六十歲，工作年資至少滿二十年以上者，才得請領月退休金

(C)勞工於請領退休金前死亡者，應由其遺屬或指定請領人請領一次退休金

(D)依該條例提繳之勞工退休金運用收益，不得低於當地銀行二年定期存款利率。　　　　　　　　　　　【第21屆】

(　) **49** 假設儲蓄的投資報酬率等於通貨膨脹率，王先生現年45歲，無積蓄，想要在60歲退休，且維持現有的生活水準到75歲，請問從現在起每年儲蓄率若干才恰好足以支應退休生活？

(A)30%　　　　　　　　　(B)40%

(C)50%　　　　　　　　　(D)55%。　　　【第21屆】

( ) **50** 鄭科長現年65歲申請退休，假設其退休金可選擇一次領取（給付基數為50個月）或採年金方式給付（生存時每年年底給付），若鄭科長擬選擇年金給付方式，在年投資報酬率固定為4%且享年80歲之條件下，每期退休金至少須達退休當時年薪之若干比率才划算？（取最接近值）

(A)35.72%　　　　　　　　　(B)36.64%

(C)37.48%　　　　　　　　　(D)38.96%。　　　　　【第23屆】

解答與解析

1 (A)　**2 (D)**　**3 (B)**　**4 (D)**

5 (D)。4＋1＝5（萬元）

6 (A)。依土地稅法第34條規定，房屋出售時需繳交土地增值稅，在出售自用住宅用地時，民眾可享受一生一次的低稅率10%。

7 (A)

8 (D)。遺產及贈與稅法第17條規定，被繼承人死亡前六年，繼承之財產已納遺產稅者，在計算遺產稅時，可自遺產總額中扣除80%。

9 (D)。24萬／12月＝2萬（一個月想存下來的錢）
10萬－6萬＝4萬（實際上可以存下來的錢）
2／4＝50%

10 (B)。財務自由度＝（目前的淨資產×投資報酬率）／目前的年支出＝（30×5%＋30）／90＝50%

11 (D)。1,020萬／300萬＝3.4，查複利終值，在第21年時，得出報酬率6%
[1,020萬－250萬×（6%,15年,複利終值）]／（6%,15年,年金終值）＝18.08（萬元）。

12 (D)。上班需額外花費5,000＋5,000＋5,000＋30,000＝45,000
稅前薪資×（1-20%）＝45,000
稅前薪資＝56,250

13 (D)

14 (C)。5萬×6%×12個月×（5%,30年,年金終值）＝239（萬元）

15 (C)。（100－66）／2=17%

16 (D)。30%×10%＋25%×8%＋45%×9%＝9%

17 (A)

18 (D)。（46,000－15,000）／50,000＝62%

19 (A)。 不考慮購屋計畫：
400,000×（5%,12年,複利終值）
／（8%,12年,年金終值）
＝37,856（元）
考慮購屋計畫：
400,000×（5%,12年,複利終值）
／（8%,6年,年金終值）
＝97,928（元）
97,928－37,856＝60,072（元）。

20 (C)。新房貸平均利率：[2%＋
3%＋4%＋5%×7（第4～第10
年)]／10＝4.4%
舊房貸：4%故新房貸利率高
0.4%，轉貸不划算。

21 (A)。[1,000萬元－800萬元×
（5%,15年,複利現值）]／（5%,15
年,年金現值）＝59.27（萬元）

22 (D)。100萬×（5%,13年,複利終
值）＋150（3%,13年,複利終值）
＝408.95（萬元）
408.95／（8%,13年,年金終值）＝
19（萬元）

23 (B)。（25,000＋5,000＋5,000）
／（1－30%）＝50,000（元）

24 (D)

25 (A)。（2,000萬－1,200萬）×
（3%,10年,複利終值）＝1,075
（萬元）

26 (D)。

27 (B)。

28 (C)。在平均值加減一個標準
差間的機率為68.27%，在平均
值加減兩個標準差間的機率為
95.45%，在平均值加減三個標準
差間的機率為99.73%。

29 (C)。600／（2%,20的年金現
值）＝600／16.351＝366,950
366,950×（10,2%）
＝366,950×8.983＝3,296,312
3,296,312－1,500,000
＝1,796,312
1,796,312／（3%,20）
＝1,796,312／8.53＝210,588
366,950－210,588
＝156,362（元）

30 (A)

31 (B)。A×F／p,5%,25＝2,000
（萬元），A＝590（萬元）

32 (C) **33 (D)**

34 (B)。機會成本就是選擇最好
的必須放棄其次好的成本，其次
好的成本就叫「機會成本」。因
為2%和7%，我們會選擇較好的
7%，所以放棄其次高的2%，故
2%為機會成本。5×12×2%＝1.2
（萬元）。

35 (C)

36 (C)。30,000／5%＝600,000（元）

37 (D) **38 (B)** **39 (D)** **40 (C)**

41 (B)

42 (A)。[970萬－200萬×（2%,12年,複利終值）]／40萬＝17.9
查年金終值12年時最接近17.9的報酬率，r＝7%

43 (B)。所得稅法第17條規定，房屋租金支出扣除額，每一申報戶以120,000元為上限。

44 (B)

45 (B)。民法第1223條規定，直系血親卑親屬之特留分，為其應繼分二分之一。

46 (C)。2000×（1－邊際稅率）
＝2000×（1－30%）
＝1,400（元）

47 (B)。B基金的平均報酬率＝[50%×5%＋40%×0%＋10%×（－5%）]＝2%

B基金的報酬率標準差＝〔個別情況發生機率×（個別情況報酬率－平均報酬率）2〕之和再開根號＝[50%×（5%－2%）2＋40%×（0%－2%）2＋10%×（－5%－2%）2]＝0.0011
B基金的報酬率標準差＝0.0011＝3.32%

48 (B)

49 (C)。假設年收入為1、儲蓄率為s、年支出1－s
45～60歲共存15次，總存款
＝15×s
60～75歲共支出15次，總支出
＝15×（1－s）
15×s＝15×（1－s）　s＝50%

50 (C)。[50／（4%,15年,年金現值）]／12＝37.48%

歷屆試題│第二回

🏦 理財工具

( ) **1** 大明投資B基金1,000個單位數，淨值為10美元，另收手續費1%。投資一年後，每單位配息0.2美元，淨值變為10.5美元。若將手續費成本列入計算，則其投資報酬率為何？（取最接近值）
(A)5.94%　　　　　　　(B)6.93%
(C)7.23%　　　　　　　(D)8.10%。　　　　　　【第24屆】

( ) **2** 假設臺灣證券交易所加權股價指數為5,000點，其臺股期貨的契約價值為何？
(A)500,000元　　　　　(B)1,000,000元
(C)1,500,000元　　　　(D)100,000元。　　　　【第24屆】

( ) **3** 有關我國金融機構之業務，下列敘述何者正確？
(A)工業銀行不得收受金融機構之轉存款
(B)證券經紀商受託買賣有價證券之行為稱為承銷
(C)收受個人存款，為工業銀行與商業銀行共同之業務範圍
(D)根據銀行法第4條之規定，銀行有關外匯業務之經營需經財政部之許可。　　　　　　　　　　　　　　　　　　【第40屆】

( ) **4** 某三個月期保本型商品保本率為90%，假設定存利率是2%，若該商品之內含選擇權每單位的價金是12%，計算該商品的參與率約為下列何者？（取最接近值）
(A)76%　　　　　　　　(B)78%
(C)84%　　　　　　　　(D)87%。　　　　　　　【第42屆】

( ) **5** 王先生於102年5月1日（剛付完息）購買101年5月1日發行之2年期政府公債面額5,000萬元，該債券票面年利率為2.5%，每半年付息一次，到期一次還本，若王先生買進之殖利率為2%，則其購入價格為何？
(A)50,000,000元　　　　(B)50,245,098元
(C)50,246,299元　　　　(D)50,485,390元。　　　【第24屆】

( ) **6** 目前我國證券商收取之證券交易手續費上限為股票成交金額之千分之多少？
(A)1.425 　　　　　　　(B)1.625
(C)2.225 　　　　　　　(D)3。　　　　　　　　　【第24屆】

( ) **7** 投顧或投信事業經營全權委託業務，應每隔多久定期編製委任人資產交易紀錄及現況報告書，送達委任人？
(A)每日 　　　　　　　(B)每週
(C)每月 　　　　　　　(D)每季。　　　　　　　　【第35屆】

( ) **8** 債券現值的評價基礎上，可由其未來所提供的預期現金流量計算得知，然而下列何者為現值計價中最主觀的數據？
(A)各期債券的票息利息 　　(B)殖利率
(C)到期本金 　　　　　　(D)票面利率。　　　　　　【第35屆】

( ) **9** 台灣股票交易中，下列何者為一般交易與盤後定價交易之最大差別？
(A)前者之交易時間為交易所營業日之上午九時到下午一時三十分，後者為下午一時三十分至二時
(B)前者之交易單位為千股或其倍數，後者之交易單位為小於千股
(C)前者依交易雙方之報價，進行競價成交，後者成交價之計算基礎則為一般交易之收盤價
(D)前者所有交易人均可下委託單，後者則僅限於鉅額委託單。
【第41屆】

( )**10** 有關臺灣期貨交易所「股票選擇權契約規格」，下列敘述何者正確？
(A)各契約的最後交易日為各該契約交割月份第三個星期三
(B)履約方式為美式
(C)履約價格間距僅有1元與5元兩種
(D)交易時間為營業日上午9：00至下午1：45。　　　【第35屆】

( )**11** 下列指標何者能真實反映過去經濟情況？
(A)領先指標 　　　　　　(B)同時指標
(C)技術面指標 　　　　　(D)落後指標。　　　　　　【第35屆】

(　) **12** 一般失能之定義可以歸為： 　(1)被保險人因傷害或疾病以致完全無法從事任何具有收益性的工作 　(2)被保險人因傷害或疾病以致完全無法從事原有之工作 　(3)被保險人因傷害或疾病以致完全無法從事適合其教育、訓練及經驗之任何工作。而長期失能保險的承保範圍常以事故發生日起分段計算，下列何項才是符合給付之條件？
(A)事故發生日起2年內以A項之定義，2年後以B項為定義
(B)事故發生日起2年內以B項之定義，2年後以C項為定義
(C)事故發生日起2年內以A項之定義，2年後以C項為定義
(D)事故發生日起2年內以C項之定義，2年後以B項為定義。【第35屆】

(　) **13** 利率連結組合式商品，在架構上係運用利率交換商品與何種商品之結合？
(A)利率選擇權　　　　　　(B)指數選擇權
(C)個股選擇權　　　　　　(D)匯率選擇權。　　　　【第35屆】

(　) **14** 李先生有1,500單位的A基金，申購時淨值為12元，贖回時淨值為15元，請問李先生淨賺多少元？
(A)6,000元　　　　　　　(B)5,000元
(C)4,500元　　　　　　　(D)3,000元。　　　　【第35屆】

(　) **15** 有關我國金融機構之業務，下列敘述何者正確？
(A)工業銀行不得收受金融機構之轉存款
(B)證券經紀商受託買賣有價證券之行為稱為承銷
(C)收受個人存款，為工業銀行與商業銀行共同之業務範圍
(D)根據銀行法第4條之規定，銀行有關外匯業務之經營需經財政部之許可。　　　　【第35屆】

(　) **16** 吳經理持有一張10年期，票面利率4.5%，每半年付息一次之政府公債，若吳經理每期約可領1,125,000元利息，則該公債面額應為多少元？
(A)3千萬元　　　　　　　(B)4千萬元
(C)5千萬元　　　　　　　(D)6千萬元。　　　　【第34屆】

( ) **17** 預期景氣即將復甦上揚，下列何者債券投資報酬可望最高？
(A)公司債　　　　　　　　　　(B)可轉換公司債
(C)登錄公債　　　　　　　　　(D)金融債券。　　　【第42屆】

( ) **18** 下列何種股票之交易制度以議價為主？
(A)上市股票　　　　　　　　　(B)上櫃股票
(C)興櫃股票　　　　　　　　　(D)全額交割股票。　【第34屆】

( ) **19** 某投資人買入淨值10元免申購手續費之A基金10萬元，當基金跌至8元時轉換至淨值為20元之B基金（轉換手續費內扣0.5%），至B基金漲至24元時贖回，請問該投資人的最後損益為何？
(A)獲利4,478元　　　　　　　 (B)損失4,478元
(C)損失5,522元　　　　　　　 (D)獲利5,522元。　【第34屆】

( ) **20** 選擇權的買方：
(A)只有履約的義務
(B)須繳交保證金
(C)只有履約的權利
(D)履約之權利與義務依交易策略不同因應。　　　【第34屆】

( ) **21** 有關生前信託，下列敘述何者錯誤？
(A)金錢、保險單、有價證券、動產及不動產都可作為信託財產
(B)委託人仍有修改信託契約的權利
(C)一個完整的信託規劃，應以單一資產配置為原則
(D)依個人生活環境與狀況而存在「多重且混合的信託財產和信託目的」。　　　　　　　　　　　　　　　　　　　【第27屆】

( ) **22** 有關遺囑信託，下列敘述何者正確？
(A)預立遺囑對於財產規劃與分配並無幫助
(B)遺囑信託能協助解決遺產管理和遺囑執行之問題
(C)與受託人簽訂信託契約時，將遺囑附註於後即為遺囑信託
(D)若成立遺囑信託，委託人死亡後遺產可免納遺產稅。【第27屆】

( ) **23** 信用連結組合式商品中，下列何種情況非屬信用參考標的之信用違約事件？

(A)信用標的申請債務展期或政府紓困

(B)信用標的發生存款不足退票情事

(C)發行之股票遭下市處分

(D)破產或公司重整之申請。　　　　　　【第27屆】

(　) **24** 假如投資人在經過投資策略的考量後，決定購買發行利率為3%的
政府債券，而當時在市場上的成交殖利率為4%，則投資人所須
支付投資價格和面額比較，係為下列何者？

(A)折價　　　　　　　　　　(B)溢價

(C)平價　　　　　　　　　　(D)無法判斷。　　　【第27屆】

(　) **25** 下列何種金融機構可經營全權委託投資業務？

(A)保險公司

(B)信託投資公司

(C)證券公司

(D)證券投資顧問公司。　　　　　　　　【第31屆】

(　) **26** 假設某公債的面額為100萬元，年息4%，半年付息一次（剛付完
息），發行期間7年，只剩下2年，期滿一次付清，若該公債目前
的殖利率為3%，請問其價格為多少元？（取最接近值）

(A)1,019,021元　　　　　　　(B)1,019,096元

(C)1,019,135元　　　　　　　(D)1,019,272元。　【第31屆】

(　) **27** 就簡易總體經濟供需模型分析，當一國科技進步、生產力快速
上升時，該國中央銀行正採行貨幣寬鬆政策，則對其物價水準
（P）與實質國內生產毛額（Y）的影響方向，下列何者正確？

(A)P上升，Y增加　　　　　　(B)P不一定，Y增加

(C)P下降，Y增加　　　　　　(D)P與Y俱不一定。　【第31屆】

(　) **28** 在定期壽險中，如果被保險人在保險期間屆滿時仍生存，下列敘
述何者正確？

(A)保險公司給付保險金　　　(B)保險公司退還所繳保險費

(C)無保險金之給付　　　　　(D)保險期間自動展延。

【第40屆】

( ) **29** 關於國人透過銀行指定用途信託資金投資國內外共同基金，下列
敘述何者正確？
(A)屬於自益信託
(B)屬於指定金錢信託
(C)為全權委託投資之代客操作
(D)委託人僅須對投資運用的種類或範圍作概括指示。　【第41屆】

( ) **30** 依產業生命周期而言，何階段之型態，其業務特性為產品已有相
當的被接受度，並已有相當資料可作為預測未來需求之基礎？
(A)草創型　　　　　　　　(B)成長型
(C)成熟型　　　　　　　　(D)衰退型。　　　　【第31屆】

( ) **31** 有關保險業之敘述，下列何者錯誤？
(A)火災保險、責任保險、保證保險皆屬財產保險
(B)依保險法規定，保險業之組織以股份有限公司為限
(C)財產保險業及人身保險業應分別提撥資金，設置法人安定基金
(D)保險法所稱被保險人，指於保險事故發生時，遭受損害，享
有賠償請求權之人。　　　　　　　　　　　　【第32屆】

( ) **32** C公司於106年4月12日發行30天期商業本票3,000萬元，承銷費
率為0.25%，簽證費率為0.03%，應付多少手續費（取最接近
值）？
(A)6,950元　　　　　　　　(B)6,926元
(C)6,904元　　　　　　　　(D)6,900元。　　　【第32屆】

( ) **33** 信用評等是對企業或機構的償債能力進行評比，並提供予投資人
公正客觀的財務訊息。一般而言，下列何種長期評比等級以上，
是屬於風險低且報酬相對較低的穩健型債券？
(A)穆迪 Ba1　　　　　　　(B)標準普爾 BBB
(C)中華信評 twBB+　　　　(D)惠譽BB+。　　　【第40屆】

( ) **34** 發行票面利率為5%之三年期面額十萬元公債，半年付息一次，第
一次付息後（尚有2.5年到期），市場殖利率為6%，請問此時公
債之價格為多少？（取最近值）
(A)100,000元　　　　　　　(B)97,710元
(C)98,125元　　　　　　　(D)112,710元。　　【第32屆】

( ) **35** 買方支付賣方一定契約價款後，有權利（但非義務）在未來一段
特定時間內，以約定好的價格及數量向賣方賣出某特定標的股
票，上述契約稱之為何？
(A)股票選擇權之買權（call）
(B)賣出股票期貨（futures）
(C)股票交換交易（swap）
(D)股票選擇權之賣權（put）。 【第42屆】

( ) **36** 信託節稅規劃課徵遺產稅，下列敘述何者錯誤？
(A)遺囑信託，於遺囑人死亡時，其信託財產應課徵遺產稅
(B)信託契約明訂信託利益一部或全部之受益人為非委託人，應
課徵遺產稅
(C)委託人設立遺囑信託，其死亡時之信託財產應課遺產稅
(D)信託關係存續中受益人死亡時，應就其享有信託利益之權利
未領受部分，課徵遺產稅。 【第42屆】

( ) **37** 他益信託關係存續中，受託人依信託本旨交付信託財產給受益
人，下列敘述何者正確？
(A)由該受益人併入取得信託財產年度之所得稅課徵所得稅
(B)由委託人申報繳納贈與稅
(C)受益人取得信託財產不課徵所得稅
(D)由受託人代扣繳所得稅。 【第32屆】

( ) **38** 有關成立金融控股公司的正確理由，下列敘述何者錯誤？
(A)包含事業控股，可從事金融業務
(B)客戶資源交互運用
(C)金融商品一次購足
(D)作業平台的整合。 【第41屆】

( ) **39** 一般發行商業本票時會產生哪些費用？ (1)保證費 (2)簽證費
(3)承銷費 (4)保管費
(A)(1)(2)(3)　　　　　　　　　(B)(1)(2)(4)
(C)(1)(3)(4)　　　　　　　　　(D)(2)(3)(4)。 【第33屆】

( ) **40** 甲公司今年的每股盈餘為2元，現金股利為1元，投資人對甲公司股票要求之年報酬率為10%，假設甲公司的現金股利每年成長5%，則該公司股票的本益比為下列何者？
(A)10　　　　　　　　　　(B)10.5
(C)20　　　　　　　　　　(D)21。　　　　　　　　【第33屆】

( ) **41** 有關協助投資人從事基金投資理財之規劃，下列敘述何者錯誤？
(A)須考慮投資人的年齡與資金可投資期間
(B)須考慮投資人投資目標
(C)須考慮投資人的過去每筆基金的賺賠情形和手續費貢獻程度
(D)須考慮投資人目前既有的投資組合。　　　　　　　　【第33屆】

( ) **42** A基金為封閉式基金，集中市場收盤價為19.5元，溢價2%，則A基金淨值為何？
(A)19.1元　　　　　　　　(B)19.11元
(C)19.89元　　　　　　　(D)19.9元。　　　　　　　【第33屆】

( ) **43** 下列何者選擇權交易其風險（最大損失）有限？
(A)買入買權及買入賣權
(B)賣出買權及賣出賣權
(C)賣出買權及買入賣權
(D)買入賣權及賣出賣權。　　　　　　　　　　　　【第33屆】

( ) **44** 就技術分析而言，下列何項指標代表買進訊號？
(A)隨機指標（KD值）在20以下，且K值大於D值時
(B)相對強弱指標（RSI）值高於80時
(C)乖離率（Bias）達12%至15%時
(D)威廉指標值低於20時。　　　　　　　　　　　　【第41屆】

( ) **45** 下列何者為風險溢酬（risk premium）之涵義？
(A)無風險利率與折現率之加總
(B)因承擔特定資產風險而要求之額外報酬率
(C)Gordon模型中之現金股利成長率
(D)財務報表分析中之淨值報酬率。　　　　　　　　【第41屆】

( ) **46** 假設余先生於某年11月16日購入面額為500萬元、5年後到期之零息債券,若該債券目前的殖利率為2.6%,則其存續期間為多久?
(A)4.82年 　　　　　　　　(B)4.94年
(C)5.00年 　　　　　　　　(D)5.13年。　　　　　【第30屆】

( ) **47** 產業分析模式要分析外在因素、需求分析、供給分析、獲利分析和國際競爭和國際市場等五類因素。下列何者重要性最低?
(A)外在因素 　　　　　　　(B)需求分析
(C)供給分析 　　　　　　　(D)產業競爭分析。　　【第30屆】

( ) **48** 有關定期存款之敘述,下列何者錯誤?
(A)有一定期限
(B)係憑存單或依約定方式提取之存款
(C)存款人得辦理質借
(D)到期前解約,實存期間的利息不受影響。　　　【第29屆】

( ) **49** GDP與GNP之差異係為下列何者?
(A)折舊 　　　　　　　　　(B)間接稅
(C)國外要素所得收入淨額 　(D)商品及勞務輸出淨額。
　　　　　　　　　　　　　　　　　　　　　　　【第41屆】

( ) **50** 當物價明顯上漲時,政府通常會採用緊縮性的貨幣政策,以抑制物價持續上漲,此時對利率與股價有何影響?
(A)利率上升,對股價有不利之效果
(B)利率下降,對股價有不利之效果
(C)利率上升,對股價有助漲之效果
(D)利率下降,對股價有助漲之效果。　　　　　　【第29屆】

解答與解析

1 (A)。原始成本:10美元×1000單位×(1+1%)=10100美元
一年後:(0.2+10.5)×1000單位=10700美元
投資報酬率:(10700-10100)/10100=5.94%

2 (B)。5,000點×200元=1,000,000(元)

3 (A)

4 (D)。保本的資金占可用資金比例:90%/(1+2%×3/12)=89.55%

則投資該商品的可用資金：1－
89.55%=10.45%
參與率=投資該商品的資金/該商
品之內含選擇權每單位的價金
10.45%/12%=87%

5 (C)。50,000,000×P2／1%
＋50,000×1.25%×P2／1%＝
50,246,299（元）

6 (A) **7 (C)** **8 (B)** **9 (C)**

10 (A) **11 (D)** **12 (B)** **13 (A)**

14 (C)。（15－12）×1500=4,500（元）

15 (A)

16 (C)。半年一次，所以要除以2；[票
面利率＝4.5%／2=0.0225]，期數＝
10年×2=20期
X×0.0225=1,125,000，X=
1,125,000／0.0225=50,000,000

17 (B) **18 (C)**

19 (B)。10萬元除10=1萬單位；8
元×1萬單位×（1－0.5%轉換手
續）=79600
79600除20=3980單位；3980單
位×24=95520；10萬－95520=
損失4480，最接近的是(B)損失
4,478元

20 (C) **21 (C)** **22 (B)** **23 (B)**

24 (A) **25 (D)**

26 (D)。[半年，所以全部除以2]
期數＝2y／2=4；年息＝4%／2＝
2%；殖利率＝3%／2=1.5%；每
期：100萬×2%=20000
20000／$(1+1.5\%)^1$＋……＋20000
／$(1+1.5\%)^4$＋100萬／$(1+1.5)^4$
=1,019,616，故最接近(D)。

27 (B) **28 (C)** **29 (A)** **30 (B)**

31 (B)

32 (C)。3,000萬×（0.25%＋0.03%）
×30／365=6904（元）

33 (B)

34 (B)。[利息＋本金]
=100,000×2.5%／（simga i＝
1~5）$(1+3\%)^i$＋100,000／$(1+$
$3\%)^5$=97,710

35 (D) **36 (B)** **37 (C)** **38 (A)**

39 (A)

40 (B)。P=1×（1＋5%）／（10%－
5%）=21；本益比＝21／2=10.5

41 (C)

42 (B)。溢價→1＋2%計算，
19.5／（1＋2%）=19.11元

43 (A) **44 (A)** **45 (B)**

46 (C)。5年後到期之零息債券，所
以記為5年

47 (C) **48 (D)** **49 (C)** **50 (A)**

理財實務規劃

(　　) **1** 下列何項將影響個人資產負債表中之淨值？　(1)以存款帳戶餘額清償貸款　(2)以部份付現、部份貸款方式買車　(3)個人持有全球股票指數型基金，全球股市全面上揚　(4)個人持有債券，利率上揚
(A)(2)(3)　　　　　　　　　　(B)(3)(4)
(C)(1)(3)(4)　　　　　　　　(D)(1)(2)(4)。　　　　　　【第29屆】

(　　) **2** 有關衡量家庭財務結構指標，下列敘述何者錯誤？
(A)淨值投資比率大於1，代表有借錢投資
(B)負債比率愈低，財務負擔愈輕
(C)投資資產比重愈低，淨值投資比率愈高
(D)負債比率之計算，其中內含房貸及融。　　　　　　【第29屆】

(　　) **3** 小蘭是某公司的職員，每月薪資收入為10萬元，家庭基本支出為6萬元，想在一年內存24萬元，則其邊際儲蓄率目標為何？
(A)20%　　　　　　　　　　(B)30%
(C)40%　　　　　　　　　　(D)50%。　　　　　　　　【第29屆】

(　　) **4** 有關編製家庭財務報表，下列敘述何者錯誤？
(A)預售屋的預付款是資產科目
(B)資產與負債是存量的觀念
(C)未實現的資本利得應顯示在收支儲蓄表中
(D)儲蓄是收入減支出後之淨額。　　　　　　　　　　【第40屆】

(　　) **5** 下列有關家庭收支儲蓄表之敘述何者正確？
(A)儲蓄率＝自由儲蓄率－還本儲蓄率
(B)收支平衡點的收入＝變動支出負擔÷工作收入淨結餘比率
(C)資產成長率＝資產變動額÷期初總資產
(D)財務自由度＝目前淨資產÷（目前的年儲蓄×已工作年數）。　　　　　　　　　　　　　　　　　　　　　【第40屆】

( ) **6** 請以10年為期之淨現值法計算，在下列何種情形下，租屋較購屋
划算？（假設折現率均以4%計，房租及房價10年內不變，且不
考慮稅負與房貸因素）
(A)購屋房價600萬元，年房租22萬元
(B)購屋房價700萬元，年房租30萬元
(C)購屋房價400萬元，年房租17萬元
(D)購屋房價350萬元，年房租15萬元。 【第29屆】

( ) **7** 有關勞工退休金條例之規定，下列敘述何者錯誤？
(A)雇主每月負擔之勞工退休金提繳率，不得低於勞工每月工資6%
(B)資遣費由雇主按其工作年資，每滿一年發給二分之一個月之
平均工資
(C)依本條例提繳之勞工退休金運用收益，不得低於當地銀行一
年定期存款利率
(D)勞工或其遺屬或指定請領人請領退休金時，其請求權自得請
領之日起，因五年間不行使而消滅。 【第29屆】

( ) **8** 下列何投資策略具有買漲殺跌的投資特性？
(A)固定投資比例策略 (B)加碼攤平策略
(C)定期定額投資策略 (D)投資組合保險策略。
【第42屆】

( ) **9** 當買進股票後，股價下跌，經過審慎的投資判斷，決定向下攤平
時，您的最佳資金來源為何？
(A)出售其他投資工具 (B)以原股票質借
(C)以不動產質借資金 (D)多餘的自有資金。 【第42屆】

( )**10** 有關節稅規劃，下列敘述何者正確？
(A)凡是能達到免繳稅或少繳稅之規劃，不論合法與否，均為好
的節稅規劃
(B)節稅規劃是避稅行為，是不道德的，不應該做租稅規劃
(C)節稅規劃只適用於高所得或財富多的人，其他的人不需要規劃
(D)節稅規劃是以合法方式而達到免繳或少繳稅的目的所有納稅
義務人均有規劃之權利。 【第32屆】

( ) **11** 小明的媽媽將名下一筆市價5,000萬元，公告現值1,000萬元的不動產送給未成年的小明，依法向國稅局申報贈與稅，並提示小明以其名下歷年受贈而來的資金300萬元，支付給小明媽媽的存摺證明，請問贈與總額為何？ (A)600萬元 (B)700萬元 (C)4,600萬元 (D)4,700萬元。 【第32屆】

( ) **12** 有關零息債券的目前價值之計算公式，下列敘述何者正確？
(A)債券面值×複利現值係數（剩餘年限，市場殖利率）
(B)債券面值×複利終值係數（剩餘年限，市場殖利率）
(C)債券面值×年金現值係數（剩餘年限，市場殖利率）
(D)債券面值×年金終值係數（剩餘年限，市場殖利率）。 【第40屆】

( ) **13** 下列敘述何者錯誤？
(A)假如市場利率係走低趨勢，則家庭工作收入一定會增加
(B)家庭理財收入項目中，不包括薪資收入
(C)善用折扣期間購物，是降低家庭生活支出方法之一
(D)家庭理財支出並非全無彈性，如事先規劃，善用首次購屋低利貸款、自用房貸利息扣抵稅額等方法，仍可降低理財支出。【第40屆】

( ) **14** 假設目前存款二十萬，每年投資十二萬元，五年後欲有一百萬創業基金，則應選擇何種投資工具？
(A)年利率8%之定存 (B)保本率8%之保本型商品
(C)宣稱投資績效8%之基金 (D)股東報酬率8%之股票。 【第32屆】

( ) **15** 台灣地區自用住宅房貸利息特別扣除額，最高金額是新台幣多少元？ (A)十萬元 (B)二十萬元 (C)三十萬元 (D)視個人稅率級距而定。 【第42屆】

( ) **16** 比較房貸利率時要以至少10年期的平均利率來相較，假設無其他轉貸成本舊房貸利率為6.5%，新房貸利率第一年5%，第二年6%，第三年以後7%，請問其10年平均利率與舊房貸利率相較為何？
(A)高0.5%，轉貸不划算 (B)低0.5%，可以轉貸
(C)高0.2%，轉貸不划算 (D)只要利率較低，即可轉貸。
【第32屆】

（　　）**17** 利用增加關連性低的個股或投資工具來分散之投資風險，稱為下
列何者？
(A)系統風險　　　　　　　　(B)政治風險
(C)非系統風險　　　　　　　(D)市場風險。　　　　【第41屆】

（　　）**18** 有關運用全現金法及自有資金法，在計算借款投資的報酬率，下
列敘述何者錯誤？
(A)在計算全現金法報酬率時，應把利息加回
(B)比較有借款基金與無借款基金的投資績效，應以自有資金法
較佳
(C)以自有資金法計算出較高績效，主要是運用財務槓桿所冒的
額外風險
(D)當全現金法報酬率低於貸款利率時，則自有資金法算出的報
酬率低於全現金法。　　　　　　　　　　　　　【第41屆】

（　　）**19** 被保險人現年40歲，年收入為100萬元，計畫55歲退休，享80歲，
目前家庭年支出為60萬元，其中有20萬元為其個人支出，其他為
家人支出。若被保險人現在死亡，用淨收入彌補法計算保險需求，
則投保保額應為年收入之多少倍？（假設收入成長率＝支出成長
率＝儲蓄利率）　(A)5倍　(B)6倍　(C)7倍　(D)8倍。【第32屆】

（　　）**20** 下列何者非屬金字塔底層的理財需求層次？
(A)生活滿足目標　　　　　　(B)生活保障
(C)基本生活水準　　　　　　(D)緊急預備金。　　【第34屆】

（　　）**21** 就理財需求層次而言，下列哪一層次的客戶是不需要以稅務規劃
為主的財產移轉計畫？
(A)遺產水準　　　　　　　　(B)滿足水準
(C)舒適水準　　　　　　　　(D)基本水準。　　　【第34屆】

（　　）**22** 有關定期定額投資基金策略，下列敘述何者錯誤？　(A)增值倍
數等於趨勢倍數乘以振幅倍數　(B)趨勢倍數大於1時，表示基金
的趨勢往上　(C)投資定期定額最好仍須配合對市場多空走勢作
判斷　(D)短期震盪幅度大，但長期向下趨勢明顯，適合做定期
定額投資。　　　　　　　　　　　　　　　　　【第40屆】

( ) **23** 關效率前緣之敘述，下列何者錯誤？
(A)係以預期報酬率為縱軸，預期風險為橫軸
(B)以風險等於零時的報酬率為起點之直線，與效率前緣相切之點代表市場投資組合
(C)在資本市場線上，市場投資組合的左邊為積極投資人
(D)市場投資組合通常只有系統風險，但若投資個別證券要承擔非系統風險。 【第40屆】

( ) **24** 某銀行推出20年期房貸利率2%優惠專案，若向其申貸480萬元，按年以本利平均償還，則第一期應償還多少本金？
(A)196,260元 (B)197,560元
(C)197,950元 (D)200,920元。 【第34屆】

( ) **25** 請以7年為期之淨現值法計算，在下列何種情形下，租屋較購屋划算？（假設折現率均以5%計，房租及房價7年內不變，且不考慮稅負與房貸因素）
(A)購屋房價500萬元，年房租25萬元
(B)購屋房價400萬元，年房租21萬元
(C)購屋房價550萬元，年房租27萬元
(D)購屋房價450萬元，年房租23萬元。 【第34屆】

( ) **26** 在我國課徵稅捐時應有納稅義務人，下列敘述何者錯誤？
(A)遺產稅如無遺囑執行人者，以繼承人及受遺贈人為納稅義務人
(B)贈與稅之納稅義務人，原則上為贈與人
(C)如贈與人行蹤不明，則以受贈人為贈與稅之納稅義務人
(D)夫妻合併申報所得稅時，限以夫為納稅義務人。 【第42屆】

( ) **27** 下列何項遺產，非屬「不計入遺產總額」項目？
(A)遺贈人捐贈各級政府之財產
(B)被繼承人死亡前5年內，繼承之財產已納遺產稅者
(C)約定於被繼承人死亡時，給付其指定受益人之人壽保險金額
(D)當被繼承人死亡時，繼承人捐贈繼承之財產予尚未完成設立登記為財團法人之慈善團體。 【第42屆】

( ) **28** 用「淨收入彌補法」計算保險需求時，下列敘述何者錯誤？
(A)年紀越高，保險需求越低
(B)個人支出占所得比重越大，保險需求越高
(C)個人收入成長率越高，保險需求越高
(D)投資報酬率越高，保險需求越低。 【第42屆】

( ) **29** 依遺產及贈與稅法規定，資產在計算贈與稅時，有關價值之認定，下列敘述何者錯誤？
(A)土地係以公告地價計算
(B)房屋係以評定價格計算
(C)上市上櫃公司的股票，原則上以贈與日之收盤價認定
(D)未上市（櫃）股票原則上以贈與日該公司資產淨值估定，惟仍須再考量其資產中所含有上市（櫃）之股票價值再加以調整。

【第34屆】

( ) **30** 有關購屋或租屋之決策，下列哪些為使用淨現值法時須考慮之變數？ (1)折現率 (2)未來各期淨現金流量 (3)年限
(A)僅(1)(2) (B)僅(2)(3)
(C)僅(1)(3) (D)(1)(2)(3)。 【第27屆】

( ) **31** 當發現目前每年的儲蓄率無法達到原先的退休規劃需求，得採取的措施，下列何者錯誤？
(A)延後退休年齡
(B)降低原訂的退休後生活水準
(C)增加每日定期定額投資額度
(D)把錢全部放在定存以免發生投資損失。 【第27屆】

( ) **32** 當央行擔心景氣過熱可能引發通貨膨漲而將利率開始往上調整時，此時應將資金如何配置？
(A)由股票基金逐步轉至貨幣基金
(B)由股票基金逐步轉至債券基金
(C)由貨幣基金逐步轉至債券基金
(D)由貨幣基金逐步轉至股票基金。 【第27屆】

( ) **33** 將投資10年以上的報酬率之上、下限區間，與單年期的投資報酬率之上、下限區間相比較，下列敘述何者較符合實證之事實？
(A)10年報酬率，其上下限區間較集中
(B)單年期報酬率，其上下限區間較集中
(C)兩者之上下限區間，大致相同
(D)兩者並無穩定之關係。 【第27屆】

( ) **34** 有關個人設立投資公司以投資上市、櫃公司股票之相關租稅效果，下列何者錯誤？
(A)投資公司受配股利或買賣股票，該股利及證券交易所得於公司階段不課稅
(B)投資公司所受配之股利，於受配之次年度由投資公司分配股利予個人股東時，個人股東方須申報課稅
(C)投資公司買賣股票之利得須以投資公司股利之形式分配予股東，個人股東所獲股利須申報為其課稅所得
(D)個人股東擬贈與該投資公司之股票予其子女，其價值係以贈與當日投資公司帳面價值之每股淨值計算。 【第27屆】

( ) **35** 對於以理財目標進行資產配置的原則，下列何者正確？
(A)理財目標的年限越短，越應該用風險性資產來達成
(B)短期目標若是金額確定，應該選擇可保障投資成果的投資工具
(C)理財目標的年限越短，風險性資產的不確定性就越小
(D)理財目標的年限越長，風險性資產的不確定性就越大。
【第40屆】

( ) **36** 對大多數受薪階級而言，有關退休規劃的敘述，下列何者正確？
(A)選擇報酬率低安全性高的投資工具即可順利達成退休計畫
(B)儲蓄退休金不能太保守，否則即使很年輕就開始準備，還是有可能不堪負荷
(C)把退休準備分為基本生活支出與品質生活支出兩部分，用較高風險的投資來籌措基本生活支出的部分
(D)通貨膨脹率愈高，表示財富累積速度愈快，退休金籌備壓力愈小。 【第41屆】

( ) **37** 有關金融從業人員的道德標準及行為紀律，下列敘述何者正確？
(A)理財規劃人員可基於交叉行銷之需要，將客戶之基本資料轉介其他部門同事
(B)理財規劃人員可以間接暗示的方式，將客戶未公開消息告知第三者
(C)理財規劃人員可基於產品的特性，強調並大肆宣傳此產品的過去績效
(D)理財規劃人員於提供商品時，若該商品與理財規劃服務係不可分，在無妨害公平競爭之虞時，可建議客戶購買該商品。
【第28屆】

( ) **38** 如果借入利率8%的小額信用貸款來償還18%的信用卡負債，此種理財行為會造成個人資產負債表上如何變化？
(A)資產增加負債減少
(B)資產負債同時減少
(C)負債減少淨值增加
(D)負債總額不變。 【第28屆】

( ) **39** 下列敘述何者正確？
(A)家庭或個人收支儲蓄表及資產負債表都是過去交易資料，對理財規劃無關
(B)編製收支儲蓄表及資產負債表，並加以分析、檢討，才能做好理財規劃
(C)沒有大量財產的人，不需要理財規劃
(D)有巨額花不完的財產的人，無後顧之憂，不必理財。【第28屆】

( ) **40** 假設10月份家庭收支儲蓄表顯示：儲蓄4萬元，並以信用卡簽帳消費1萬元於11月份支付，則10月份之現金淨增加額為多少？
(A)1萬元 (B)3萬元 (C)4萬元 (D)5萬元。 【第28屆】

( ) **41** 有關家庭現金流量分析，下列敘述何者錯誤？
(A)以成本計算時，淨流入量（儲蓄）＝前後期淨值差異
(B)理財收入－理財支出＝理財儲蓄
(C)資產負債調整的現金流入－資產負債調整的現金流出＝資產負債調整現金淨流量
(D)工作收入－利息保費支出＝工作儲蓄。 【第41屆】

(　　) **42** 下列何者為正確之理財目標金額之計算公式？

(A)未來的年儲蓄能力×年金現值係數＋目前的可投資額×複利終值係數

(B)未來的年儲蓄能力×年金終值係數＋目前的可投資額×複利現值係數

(C)未來的年儲蓄能力×年金現值係數＋目前的可投資額×複利現值係數

(D)未來的年儲蓄能力×年金終值係數＋目前的可投資額×複利終值係數。　　　　　　　　　　　　　　　　　【第28屆】

(　　) **43** 下列房屋貸款型態中，何者可稱為理財型房貸？

(A)隨借隨還型　　　　　　　(B)提早還清型

(C)到期還款型　　　　　　　(D)超額貸款型。　　【第40屆】

(　　) **44** 有關購屋或租屋之決策，下列哪些為使用淨現值法時需考慮之變數？　a.折現率　b.未來各期淨現金流量　c.年限

(A)僅ab　　　　　　　　　　(B)僅bc

(C)僅ac　　　　　　　　　　(D)abc。　　　　　【第40屆】

(　　) **45** 有關退休規劃重要原則之敘述，下列何者錯誤？

(A)愈早儲備退休基金，愈輕鬆累積晚年生活所需

(B)退休金儲蓄之運用不能太保守，設定的退休金報酬率宜20%以上

(C)以養老險準備退休金，缺點為報酬率偏低，需有較高的儲蓄能力，才能滿足退休需求保額

(D)退休後的收入低於基本生活支出水準，則需仰賴救濟。【第28屆】

(　　) **46** 根據策略性資產配置原則所規劃出來的核心投資組合，其持股或基金的內容，應以下列何者為主？

(A)較穩定的績優股或成熟股市的大型股基金

(B)高風險、高報酬率的成長型股票或單一國家基金

(C)新興市場的股票或基金

(D)起伏較大的投機股或高收益債券基金。　　　　【第28屆】

( ) **47** 有關定期定額投資，下列敘述何者錯誤？
(A)累積漲幅未過大，且趨勢向上的基金，衡量動者恆動之慣性定律作用，得列為定期定額投資標的
(B)投資人是否能忍受持續的虧損，非屬選擇定期定額基金投資之必然考慮因素
(C)定期定額投資好處之一，即不論市場持續上揚、持續下跌或上下波動，其每股平均成本皆低於平均價格
(D)判斷現在市場係屬多頭或空頭，得以連續6個月趨勢倍數大於1或小於1為依據。　　　　　　　　　【第28屆】

( ) **48** 有關贈與稅納稅義務人之敘述，下列何者錯誤？
(A)贈與稅之納稅義務人為贈與人
(B)贈與人行蹤不明時由受贈人為納稅義務人
(C)受贈人有二人以上者按受贈人數平均分攤應納稅額負納稅義務
(D)贈與人逾期未繳贈與稅又無財產可供執行者由受贈人為納稅義務人。　　　　　　　　　　　　　　　【第28屆】

( ) **49** 下列何者非屬理財之範疇？
(A)賺取投資收益　　　　　　(B)規劃逃漏稅
(C)規劃投資或消費負債　　　(D)風險管理。　　【第26屆】

( ) **50** 某乙11月的薪資收入10萬元，出售股票現金流入50萬元，其中5萬元是資本利得，現金流出9萬元，其中5萬元為生活支出，3萬元為房貸利息，1萬元為房貸本金，某乙11月的淨儲蓄為多少？
(A)4萬元　(B)5萬元　(C)6萬元　(D)7萬元。　　【第26屆】

解答與解析

1 (B)。(1)以存款帳戶餘額清償貸款＝等於資產減少、負債減少＝資產沒變化；(2)以部份付現、部份貸款方式買車＝資產減少、負債增加，但車子本身是資產＝資產沒變化。

2 (C)

3 (D)。24萬／12月＝2萬（每個月想存下來的錢），10萬－6萬＝4萬（實際存下來的錢）
2萬／4萬＝50%（如果想達成年存24萬的目標，至少扣除花費後要存到的比例）

4 (C)　**5 (C)**

6 (A)。 [需要事先分別計算現值]
r＝4% n＝10，複利現值
0.675564；r＝4% n＝10年金現
值8.110896，所以購屋＝600－
（600×0.675564）＝194.66；房租＝
22×8.110896＝178.4397（租屋划算）

7 (C) **8 (D)** **9 (D)** **10 (D)**

11 (B)。 不動產得以公告現值計
算，所以1000萬－300萬＝700萬

12 (A) 13 (A) 14 (A) 15 (C)

16 (C)。 （5%＋6%＋7%×8）／10
＝6.7%，可知轉貸利率為6.7%，
比原本的貸款利率還多0.2%，不
划算。

17 (C) 18 (B)

19 (C)。 應有保額＝個人未來（收
入－支出）的折現值＝100萬×
（55－40）－20萬×（80－40）＝
700萬，所以保額應該為年收入
的7倍（700／100＝7）。

20 (A) 21 (D) 22 (D) 23 (C)

24 (B)。 對照附表中的年金現值
表，可得（20,2%）＝16.351，所以
480／16.251＝293,560
480×2%＝96,000，293,560－
96,000＝197,560。

25 (C)。 (A)購屋＝－500萬＋500萬
×1.05$^{(-7)}$＝－144.6593349萬
租屋＝－25萬×（1－1.05$^{(-7)}$）／0.05
＝－144.6593349萬
無差異。

(B)購屋＝－400萬＋400萬×1.05$^{(-7)}$
＝－115.7274679萬
租屋＝－21萬×（1－1.05$^{(-7)}$）／0.05
＝－121.5138413萬
購屋划算。
(C)購屋＝－550萬＋550萬×1.05$^{(-7)}$
＝－159.1252684萬
租屋＝－27萬×（1－1.05$^{(-7)}$）／0.05
＝－156.2320817萬
租屋划算。
(D)購屋＝－450萬＋450萬×1.05$^{(-7)}$
＝－130.1934014萬
租屋＝－23萬×（1－1.05$^{(-7)}$）／0.05
＝－133.0865881萬
購屋划算。

26 (D) 27 (D) 28 (B) 29 (A)

30 (D) 31 (D) 32 (A) 33 (A)

34 (D) 35 (B) 36 (B) 37 (D)

38 (D) 39 (B)

40 (D)。 當期現金淨增加額＝當期
儲蓄＋信用卡（4＋1）＝5萬

41 (D) 42 (D) 43 (A) 44 (D)

45 (B) 46 (A) 47 (B) 48 (C)

49 (B)

50 (D)。 淨儲蓄V＝毛儲蓄S＋理財
收入M－理財支出I，所以10萬＋
5萬－5萬－3萬＝7萬，而房貸本
金是負債科目，房貸利息是支出
科目。

歷屆試題｜第三回

💲 理財工具

( )　**1** 在其他條件不變之情形下，減少政府支出、加稅的政策對總體經濟供需模型的影響，下列何者正確？
(A)總需求曲線向右上方移動
(B)總需求曲線向左下方移動
(C)總供給曲線向左上方移動
(D)總供給曲線向右下方移動。　　　　　　　　　　　【第37屆】

( )　**2** 目前在我國賣出股票時，須繳納成交金額千分之幾的證券交易稅？
(A)千分之一點四二五　　　　　(B)千分之一點五
(C)千分之三　　　　　　　　　(D)無須繳納。　　　【第37屆】

( )　**3** 有關 CAPM（資本資產訂價模型）與APT（套利訂價理論）之比較，下列敘述何者錯誤？
(A)兩者皆認為在市場達成均衡時，個別資產的預期報酬率可由無風險名目利率加上系統風險溢酬來決定
(B)兩者均為單期模式，衡量單期風險與報酬
(C)兩者均為線性的因子模式
(D)兩者均為單因子模式。　　　　　　　　　　　　【第37屆】

( )　**4** 運用定期定額策略投資共同基金時，下列敘述何者錯誤？
(A)越早規劃越好，越能享受長期投資增值的好處
(B)適合長期性的理財目標
(C)搭配保險產品時，應先考慮保險需求
(D)漲時買的單位數多，跌時買的單位數少，長期下來發揮降低投資平均成本的效果。　　　　　　　　　　　　　【第41屆】

( )　**5** 信託節稅規劃課徵遺產稅，下列敘述何者錯誤？
(A)遺囑信託，於遺囑人死亡時，其信託財產應課徵遺產稅
(B)信託契約明訂信託利益一部或全部之受益人為非委託人，應課徵遺產稅
(C)委託人設立遺囑信託，其死亡時之信託財產應課遺產稅

(D)信託關係存續中受益人死亡時,應就其享有信託利益之權利
　　未領受部分,課徵遺產稅。　　　　　　　　　　【第42屆】

(　) **6** 有關信託業務,下列敘述何者正確?
　　(A)委託人兼受託人稱為「自益信託」
　　(B)設立信託之人稱為「受託人」
　　(C)信託時所交付的財產為金錢者,稱為「動產信託」
　　(D)信託是一種為他人利益管理財產的制度。　　　【第42屆】

(　) **7** 陳先生有房屋一間信託登記給甲銀行,受益人為陳小弟,約定銀
　　行在不動產市場好轉時,可將房屋出售變現,甲銀行於第三年將
　　房屋賣給高先生,下列何者為應納契稅之納稅義務人?
　　(A)陳先生　　　　　　　　　(B)甲銀行
　　(C)高先生　　　　　　　　　(D)陳小弟。　　　　【第42屆】

(　) **8** 以債券利息或債券部分本金去購買利率選擇權或賣出利率選擇
　　權,稱為下列何者?
　　(A)匯率連結組合式存款　　　(B)利率連結組合式存款
　　(C)匯率連動債券　　　　　　(D)利率連動債券。　【第42屆】

(　) **9** 一國貨幣政策的目的不宜包括下列何者?
　　(A)融通政府預算赤字　　　　(B)避免惡性通貨膨脹
　　(C)避免通貨緊縮　　　　　　(D)刺激經濟成長。　【第37屆】

(　) **10** 目前股票漲跌幅原則上係以當日開盤競價基準之上下某百分比為
　　限制,倘有一股票當日開盤競價基準為54元,請問按現行制度,
　　這檔股票當日最高可漲至多少價格?
　　(A)57.7元　(B)57.8元　(C)59.4元　(D)70.2元。　【第37屆】

(　) **11** 有關我國金融機構之業務,下列敘述何者正確?
　　(A)工業銀行不得收受金融機構之轉存款
　　(B)證券經紀商受託買賣有價證券之行為稱為承銷
　　(C)收受個人存款,為工業銀行與商業銀行共同之業務範圍
　　(D)根據銀行法第4條之規定,銀行有關外匯業務之經營需經財政
　　　部之許可。　　　　　　　　　　　　　　　　【第40屆】

（　）**12** 下列何者屬於景氣領先指標之構成項目之一？
(A)失業率　　　　　　　　　(B)股價指數
(C)票據交換金額變動率　　　(D)經濟成長率。　　　　【第40屆】

（　）**13** 下列何項並未包含在我國貨幣供給額M1b中？
(A)活期儲蓄存款　　　　　　(B)準貨幣
(C)活期存款　　　　　　　　(D)支票存款。　　　　　【第40屆】

（　）**14** 當總體經濟落入衰退階段，中央銀行採行寬鬆貨幣政策以刺激景
氣時，以下列何種金融商品為最佳投資工具？
(A)現金　　　　　　　　　　(B)房地產
(C)股票　　　　　　　　　　(D)公債。　　　　　　　【第40屆】

（　）**15** 台指指數為4450，某甲買進一口台指選擇權4500買權
（CALL），權利金為150；當指數上漲至4600時，某甲賣出
4500買權，權利金為200，若成本不計，某甲利益為何？（台指
選擇權契約乘數＝50元）
(A)2,500元　　　　　　　　(B)5,000元
(C)7,500元　　　　　　　　(D)10,000元。　　　　　【第37屆】

（　）**16** 下列何者為貨幣型基金最主要的獲利來源？
(A)資本利得　　　　　　　　(B)利息收益
(C)股息收入　　　　　　　　(D)股價指數之波動。　【第41屆】

（　）**17** 目前銀行的信託部接受客戶申購基金，其與投信公司所簽訂的契
約為下列何者？
(A)投資契約　　　　　　　　(B)信託契約
(C)代銷契約　　　　　　　　(D)承銷契約。　　　　　【第41屆】

（　）**18** 基金經理人買賣操作有價證券如股票、債券等，所賺取的價差利
潤稱為下列何者？
(A)股利收入　　　　　　　　(B)資本利得
(C)利息收益　　　　　　　　(D)資本損失。　　　　　【第41屆】

（　）**19** 運用定期定額策略投資共同基金時，下列敘述何者錯誤？

(A)越早規劃越好，越能享受長期投資增值的好處

(B)適合長期性的理財目標

(C)搭配保險產品時，應先考慮保險需求

(D)漲時買的單位數多，跌時買的單位數少，長期下來發揮降低投資平均成本的效果。　　　　　　　　　　【第41屆】

（　）**20** 目前市場上區間內計息債券（Range Accrual Notes）係藉由何種利率選擇權所架構之商品？

(A)Strangle

(B)利率區間（Collar）

(C)數位利率選擇權（Digital Option）

(D)Cap Spread。　　　　　　　　　　　　　　【第42屆】

（　）**21** 有關信託的主要功能，下列敘述何者錯誤？

(A)信託最主要功能就是財產管理

(B)信託機制具有委託專家管理財產

(C)避免遺產爭訟過程

(D)以複利年金方式降低稅負。　　　　　　　　【第38屆】

（　）**22** 按信託法規定，信託依其設立之「原因」分為三類，下列何者錯誤？

(A)契約信託　　　　　　　　(B)宣言信託

(C)營業信託　　　　　　　　(D)遺囑信託。　　【第38屆】

（　）**23** 有關投資型保險，下列敘述何者錯誤？

(A)投資資產單獨設立帳戶管理透明

(B)原則上客戶購買此類商品要自行承擔投資風險

(C)保險給付隨投資績效而定

(D)其資金運用仍受保險法第一四六條之規範。　【第38屆】

（　）**24** 有關股票（普通股）與期貨比較的敘述，下列何者正確？

(A)股票有到期日，期貨沒有到期日

(B)股票的槓桿倍數比期貨高

(C)股票要有保證金才能交易，期貨則不需要保證金

(D)期貨比股票容易賣空。　　　　　　　　　　【第38屆】

( ) **25** 根據CAPM，證券之貝它係數（Beta）係用於描述下列何者？
(A)總風險 (B)市場風險
(C)財務風險 (D)營運風險。 【第39屆】

( ) **26** 下列何組價格所畫出的K線為十字線（四個數字分別代表開盤價、最高價、最低價、收盤價）？
(A)54、57、53.5、55.5 (B)41、42、38、39
(C)31、33.5、31、31.5 (D)23、23.5、21.5、23。【第39屆】

( ) **27** 銀行法第二十條所稱之「銀行」，除商業銀行及專業銀行外，尚包括下列何者？
(A)證券金融公司 (B)票券金融公司
(C)信託投資公司 (D)證券投資信託公司。【第39屆】

( ) **28** 面額100萬元，票面利率為8%，市場殖利率為10%，發行年限3年到期的債券，其存續期間為多少年？
(A)2.535年 (B)2.626年
(C)2.777年 (D)2.863年。 【第39屆】

( ) **29** 有關景氣循環與資產配置，下列敘述何者錯誤？
(A)景氣復甦期，經濟由谷底回升，企業的獲利增加，通膨的壓力尚未顯現，是投資股市的黃金時段
(B)當景氣持續成長，總合需求增加導致通膨壓力顯現時，保值的房地產和黃金最具增值潛力
(C)當央行為控制通膨而調高利率時，股票隨企業獲利成長的力道趨緩而邁入整理期，債券價格則有下跌壓力
(D)一旦經濟成長減緩，企業獲利明顯下滑，政府為挽救經濟，開始以降低利率刺激景氣，投資長期債券利率太低，風險又大，報酬率下降。 【第39屆】

( ) **30** 有關艾略特波浪理論，下列敘述何者錯誤？
(A)第一波為五波中最低的一波，類似低價反彈
(B)第四波經常會出現三角形的整理格局
(C)第五波為整個波浪理論中可能上升至最高波段
(D)第C波為下降趨勢中向上反彈之修正波。 【第39屆】

(　　) **31** 有關遺囑信託，下列敘述何者錯誤？
(A)屬於他益信託
(B)契約生效日為委託人死亡發生繼承事實時
(C)信託財產不須計入遺產總額
(D)信託內的財產不必為委託人之全部遺產。　　　　【第39屆】

(　　) **32** 在金融商品中，下列何者為保本型商品？
(A)利率連結型商品之反浮動債券
(B)匯率連結型商品以賣出「USD Call EUR Put」架構之組合式存款
(C)信用連結組合式商品
(D)優利型債券（Yield Enhanced Note）。　　　　【第39屆】

(　　) **33** 被保險人在個人傷害保險期間內因遭遇意外傷害事故，致雙手十手指機能永久完全喪失，其保險金給付比例為下列何者？
(A)100%　　　　　　　　(B)70%
(C)60%　　　　　　　　(D)50%。　　　　【第39屆】

(　　) **34** A基金為封閉式基金，集中市場收盤價為19.5元，溢價2%，則A基金淨值為何？
(A)19.1元　(B)19.11元　(C)19.89元　(D)19.9元。　　　　【第39屆】

(　　) **35** 共同基金的資產受到法令及下列何者的監督和保障？
(A)信託公會　　　　　　(B)證券主管機關
(C)中央銀行　　　　　　(D)投信投顧公會。　　　　【第35屆】

(　　) **36** 小李買進2口履約指數800之台灣加權金融期貨契約，請問該期貨契約價值為下列何者？
(A)80萬元　　　　　　　(B)120萬元
(C)160萬元　　　　　　(D)200萬元。　　　　【第39屆】

(　　) **37** 工業銀行發行之金融債券，其發行總餘額不得超過該行調整後淨值的幾倍？
(A)五倍　(B)六倍　(C)七倍　(D)八倍。　　　　【第39屆】

( ) **38** 有關債券評等之敘述，下列何者錯誤？
(A)AA級債券之違約機率低於BBB級債券
(B)AA級債券之信用強度高於BBB級債券
(C)AA級債券之評等變動機率高於BBB級債券
(D)若發行公司出現違約情形，AA級債券之投資人所能獲得之保障大於BBB級債券之投資人。　　　　【第39屆】

( ) **39** 根據各主要評等機構的長期評等等級，下列何者屬於投資等級的評等？
(A)中華信評TWB+　　　　　　(B)惠譽BB
(C)穆迪BAA3　　　　　　(D)標準普爾BB+。　【第39屆】

( ) **40** 有關國發會編製的景氣動向指標，下列敘述何者錯誤？
(A)股價指數及實質貨幣總計數均是領先指標
(B)工業生產指數及長短期利率利差均是同時指標
(C)失業率及製造業存貨價值均是落後指標
(D)領先指標至少要連續三個月上升或下降，才能預測經濟趨勢已有所改變。　　　　【第38屆】

( ) **41** 陳先生若想獲得享有高報酬之機會但又可兼顧低風險之好處，其應投資何種金融商品？
(A)股票　　　　　　(B)認購權證
(C)期貨　　　　　　(D)保本型投資定存。　【第38屆】

( ) **42** 依產業生命周期而言，何階段之型態，其業務特性為產品已有相當的被接受度，並已有相當資料可作為預測未來需求之基礎？
(A)草創型　(B)成長型　(C)成熟型　(D)衰退型。　【第38屆】

( ) **43** GDP與GNP之差異係為下列何者？
(A)折舊　　　　　　(B)間接稅
(C)國外要素所得收入淨額　　(D)商品及勞務輸出淨額。【第38屆】

( ) **44** 有關信託之敘述，下列何者正確？
(A)將自己資金透過全權委託投資方式委任投信公司代為操作屬於金錢信託

(B)委託人概括指定信託財產運用範圍的金錢信託稱為特定金錢
信託

(C)企業員工持股信託屬於準集團信託

(D)委託人以遺囑設立的信託稱為宣言信託。

(　　) **45** 有關影響選擇權買權價格因素，下列敘述何者正確？
(A)標的商品價格越高，其買權價格越低
(B)履約價格越高，其買權價格越高
(C)無風險利率越高，其買權價格越低
(D)標的商品的價格波動越高，其買權價格越高。　　【第38屆】

(　　) **46** 責任保險係因被保險人依法對下列何者負有賠償責任時，給付保
險金之保險？
(A)第三人　　　　　　　　(B)被保險人
(C)要保人　　　　　　　　(D)受益人。　　　　　【第38屆】

(　　) **47** 在國內，投資共同基金的優點，不包括下列何者？
(A)專業機構的管理和運用　(B)具節稅功能
(C)有效分散投資風險　　　(D)保障投資收益。　【第38屆】

(　　) **48** 有關衍生性商品的交易，下列何者不須繳交保證金？
(A)買進期貨　　　　　　　(B)賣出期貨
(C)買進買權（CALL）　　(D)賣出賣權（PUT）。【第38屆】

(　　) **49** 投資者以新台幣10萬元向證券商買進中央政府公債，並約定由該
證券商於10天後支付1.95%利息向投資者買回，就證券商而言，
此種交易方式係指下列何者？
(A)附買回交易（RP）　　(B)附賣回交易（RS）
(C)買斷交易（OB）　　　(D)賣斷交易（OS）。【第38屆】

(　　) **50** 下列何者為風險溢酬（risk premium）之涵義？
(A)無風險利率與折現率之加總
(B)因承擔特定資產風險而要求之額外報酬率
(C)Gordon模型中之現金股利成長率
(D)財務報表分析中之淨值報酬率。　　　　　　【第38屆】

解答與解析

1 (B) 2 (C) 3 (D) 4 (D)

5 (B) 6 (D) 7 (C) 8 (D)

9 (A)

10 (C)。股票上漲幅度最高為10%，故54×10%＝5.4，54＋5.4＝59.4

11 (A) 12 (B) 13 (B) 14 (A)

15 (A)。其他成本不計入，所以只計算賺權利金的部分，買入與賣出為平倉，契約乘數＝50，（200－150）×50＝2500

16 (B) 17 (A) 18 (B) 19 (C)

20 (C) 21 (D) 22 (C) 23 (D)

24 (D) 25 (B) 26 (D) 27 (C)

28 (C)。

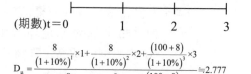

$$D_\mu = \frac{\dfrac{8}{(1+10\%)^1}\times 1 + \dfrac{8}{(1+10\%)^2}\times 2 + \dfrac{(100+8)}{(1+10\%)^3}\times 3}{\dfrac{8}{(1+10\%)^1}+\dfrac{8}{(1+10\%)^2}+\dfrac{(100+8)}{(1+10\%)^3}} \fallingdotseq 2.777$$

29 (D) 30 (D) 31 (C) 32 (A)

33 (C) 34 (B) 35 (B) 36 (C)

37 (B) 38 (C) 39 (C) 40 (B)

41 (D) 42 (B) 43 (C) 44 (C)

45 (D) 46 (A) 47 (D) 48 (C)

49 (A) 50 (B)

🅖 理財實務規劃

( ) **1** 小陳家庭的年基本支出為40萬元，而家庭年收入為100萬元，年消費支出為90萬元，則小陳的邊際消費率為下列何者？
(A)40% (B)45%
(C)50% (D)90%。 【第37屆】

( ) **2** 投資股票第一年報酬率為100%，第二年報酬率為-50%，其兩年來的幾何平均報酬率為多少？
(A)0% (B)25%
(C)50% (D)100%。 【第37屆】

( ) **3** 考慮未來收支的育兒資產負債時，下列敘述何者錯誤？
(A)養育小孩總支出的現值應視為育兒負債
(B)將家庭稅後總所得，加上夫妻兩人之生活費用後，折現後可得育兒資產
(C)若育兒資產小於育兒負債，應選擇雙薪家庭制
(D)考慮育兒之資產與負債時，除了幼時的保母費用外，尚須考慮未來的教育支出。 【第40屆】

( ) **4** 有關提升淨值成長率之方式，下列敘述何者錯誤？
(A)提昇薪資儲蓄率
(B)提高投資報酬率
(C)提高生息資產比重
(D)提高薪資收入與理財收入相對比率。 【第41屆】

( ) **5** 下列何者非為房貸轉貸之費用？
(A)鑑價費用 (B)代償費用
(C)設定規費 (D)契稅。 【第40屆】

( ) **6** 夫妻透過司法途徑，由法院判決離婚，並判決一方應給予他方贍養費，收取贍養費之一方該如何處理？
(A)申報贈與稅 (B)申報遺產稅
(C)申報所得稅 (D)免稅不用申報。 【第37屆】

( ) **7** 下列敘述何者錯誤？
(A)特留分＝〔（被繼承人財產＋特種贈與）－被繼承人債務〕
×特留分比例
(B)被繼承人財產之價值以「繼承開始時」為計算標準
(C)所謂「特種贈與」，指被繼承人生前，因「結婚」、「分
居」或「營業」贈與予繼承人的財產。其價值按「繼承開始
時」的價值計算
(D)「被繼承人債務」，指被繼承人死亡時所負擔的一切債務。

【第37屆】

( ) **8** 下列項目之先後順序應如何安排，才是合理的理財規劃流程？
I.與客戶訪談，確認理財目標　II.定期檢視投資績效　III.提出理
財建議 IV.協助客戶執行財務計畫 V.蒐集財務資料
(A)III, I, V, IV, II　　　　　　　　(B)V, I, III, II, IV
(C)I, V, IV, III, II　　　　　　　　(D)I, V, III, IV, II。　　【第42屆】

( ) **9** 淨值成長率是代表個人累積淨值的速度，想提升淨值成長率，下
列何項方法是有效的？
(A)提高淨值占總資產的比重
(B)提高生息資產占總資產的比重
(C)提高薪資收入與理財收入相對比率
(D)降低薪資儲蓄率。　　　　　　　　　　　　　　　【第42屆】

( ) **10** 某甲目前每月支出50,000元，預估退休後每月支出可減少24,000
元，假設目前離退休年數為20年，平均通貨膨脹率為4%，請問
退休後屆時之實際支出調整率為何？
(A)113.93%　　　　　　　　　　(B)110.12%
(C)32.80%　　　　　　　　　　　(D)23.71%。　　【第37屆】

( ) **11** 有關投資組合敘述，下列何者錯誤？
(A)投資組合是一般人資產配置的核心，占資產中最大的比重
(B)若以退休準備金為主，則可投資於價值型股票或風險分散的
股票型共同基金
(C)若以子女教育準備金為主，則可投資於殖利率高的中長期債
券搭配成長型股票

(D)其他較短期已做理財目標規劃的項目或落後目標且前景未明
者，不需放在投資組合中。　　　　　　　　　【第37屆】

(　　) **12** 家庭平均消費結構之分析，可做為下列哪一事項之參考？
(A)預計未來所得成長　　　　　(B)預計家庭資產淨值
(C)擬訂家庭之預算支出　　　　(D)編製個人的資產負債表。
　　　　　　　　　　　　　　　　　　　　　【第37屆】

(　　) **13** 資產成長率是資產變動額占期初資產的比率，下列何項理財行為
會提高資產成長率？
(A)提高收入週轉率　　　　　　(B)降低儲蓄率
(C)降低生息資產占總資產比重　(D)降低投資報酬率。　【第37屆】

(　　) **14** 依淨收入彌補法計算保險需求時，下列何者正確？
(A)飛機失事，公司負責人的理賠金額大於職員，就是採用淨收
入彌補法計算
(B)年紀愈大，所需保額愈大
(C)個人收入成長率愈高，保額需求愈低
(D)個人支出成長率愈高，保額需求愈高。　　　【第37屆】

(　　) **15** 有關我國贈與稅之規定，下列敘述何者正確？
(A)將資金匯到國外銀行帳戶，再贈送給子女，不需繳納贈與稅
(B)子女婚嫁時，倘父母各贈與一百萬元給該子女，如當年度沒
有其他之贈與，則可免繳贈與稅
(C)贈與財產之時價相同時，不論以那種形式之財產為贈與，其
贈與稅均相同
(D)財產之買賣係有償之行為，依契約自由原則，不會有贈與稅
課稅問題。　　　　　　　　　　　　　　　【第37屆】

(　　) **16** 有關我國遺產稅之納稅義務人的敘述，下列何者錯誤？
(A)有遺囑執行人者，為遺囑執行人
(B)無遺囑執行人者，為被繼承人
(C)無遺囑執行人者，為繼承人及受遺贈人
(D)無遺囑執行人及繼承人者，為依法選定之遺產管理人。
　　　　　　　　　　　　　　　　　　　　　【第41屆】

( ) **17** 我國遺產稅之課稅基礎係採用下列哪一種？
(A)屬人主義
(B)屬地主義
(C)原則屬人主義，例外屬地主義
(D)原則屬地主義，例外屬人主義。 【第41屆】

( ) **18** 在總報酬率與投資年數相同時，有關單利年平均報酬率及複利年
平均報酬率，下列敘述何者正確？
(A)投資年數愈長，兩者差異愈小
(B)漲幅倍數愈高，兩者差異愈小
(C)複利年平均報酬率＝總報酬率÷投資年數
(D)複利年平均報酬率一定低於單利年平均報酬率。 【第38屆】

( ) **19** 有關自用住宅的節稅規劃，下列何者敘述正確？
(A)出售自用住宅用地時，可適用10%土地增值稅率，無次數限制
(B)綜合所得稅並無重購自用住宅退抵稅優惠之相關規定
(C)重購自用住宅時，土地增值稅之退稅以新購土地地價總額高
於出售土地之稅後地價為條件
(D)自用住宅用地出售前若有出租行為時，仍得適用土地增值稅
優惠稅率。 【第42屆】

( ) **20** 有關貨幣時間價值的運用，下列敘述何者錯誤？
(A)整存整付定期存款到期本利和之計算可運用複利終值
(B)零息債券目前價值之計算可運用複利現值
(C)房貸本利攤還額之計算可運用年金終值
(D)籌措退休後生活費用總額之計算可運用年金現值。 【第38屆】

( ) **21** 有關四種典型的理財價值觀，下列敘述何者錯誤？
(A)螞蟻族是認真工作，早日退休，築夢餘生
(B)蟋蟀族是青春不留白，及時行樂
(C)蝸牛族是有土斯有財，將購屋置產列為首要目標
(D)慈烏族盡孝道，盡心伺候父母至壽終正寢。 【第38屆】

（　）**22** 有關房屋貸款計息之方式，下列敘述何者錯誤？
(A)本金平均攤還房貸，每月償還本金及利息總金額遞減
(B)本金平均攤還房貸，每月償還利息金額遞減
(C)本利平均攤還房貸，每月償還利息金額遞減
(D)本利平均攤還房貸，每月償還本金及利息總金額遞減。【第38屆】

（　）**23** 凡經常居住中華民國境內之中華民國國民，須待放棄中華民國國民身分起滿幾年後，才能達到境外資產贈與行為免徵贈與稅之目的？
(A)一年　　　　　　　　(B)二年
(C)三年　　　　　　　　(D)四年。　　　　　【第38屆】

（　）**24** 下列何者投資部位，其目的在於滿足短期目標或長期目標中的基本需求部位？
(A)投機組合　　　　　　(B)儲蓄組合
(C)股票投資組合　　　　(D)衍生性金融商品投資組合。
　　　　　　　　　　　　　　　　　　　　　　　　【第38屆】

（　）**25** 假設儲蓄投資報酬率等於通貨膨脹率，王先生現年45歲，無積蓄，每年儲蓄率為40%，則其必須工作到幾歲退休才能維持現有的生活水準到75歲？
(A)60歲　　　　　　　　(B)63歲
(C)65歲　　　　　　　　(D)68歲。　　　　　【第38屆】

（　）**26** 李四現年55歲，年收入為100萬元，家庭支出為70萬元，其個人支出為20萬元，預計65歲退休，80歲終老，假設實質收支不變，實質利率（折現率）為5%，依淨收入彌補法，李四的保險需求為其年收入的幾倍？（取最接近值）
(A)4.9倍　　　　　　　　(B)5.2倍
(C)8.3倍　　　　　　　　(D)10.2倍。　　　　【第38屆】

（　）**27** 有關國民年金之敘述，下列敘述何者錯誤？
(A)該保險制度之主管機關為財政部，委託勞工保險局辦理
(B)採柔性強制加保，即不加保沒有罰則，只是不能享受國民年金之保障

(C)一般被保險人，保險費由政府負擔四成，民眾自己負擔六成

(D)保險事故包含老年、身心障礙及死亡三種。　　　【第38屆】

(　　) **28** 有關退休規劃重要原則之敘述，下列何者錯誤？

(A)愈早儲備退休基金，愈輕鬆累積晚年生活所需

(B)退休金儲蓄之運用不能太保守，設定的退休金報酬率宜20%以上

(C)以養老險準備退休金，缺點為報酬率偏低，需有較高的儲蓄能力，才能滿足退休需求保額

(D)退休後的收入低於基本生活支出水準，則需仰賴救濟。

【第38屆】

(　　) **29** 下列何者並非一般財務規劃目的下，緊急預備金的需求中主要支應之項目？

(A)因應失業導致的工作收入中斷

(B)因應失能導致的工作收入中斷

(C)因應緊急醫療所導致的超支費用

(D)因應股票投資導致之損失。　　　　　　　　　【第38屆】

(　　) **30** 預估一個家庭所需的基礎收入時，除了考量家庭人口數，還需考慮到下列何者？

(A)期待水準的生活費用需求　　　(B)意外保險收入

(C)獎金收入　　　　　　　　　　(D)佣金收入。　　　【第38屆】

(　　) **31** 有關現金基礎與應計基礎之比較，下列敘述何者正確？

(A)所謂現金基礎制又稱為權責發生制

(B)應計基礎於收取勞務或貨物時，即應登記為應付款項目

(C)企業會計一般多使用現金基礎制

(D)家庭一般多使用應計基礎制。　　　　　　　　【第38屆】

(　　) **32** 有關家庭財務報表，下列敘述何者錯誤？

(A)收支儲蓄表係顯示一特定期間之收支進出狀況

(B)資產負債表係顯示一特定期間之資產負債狀況

(C)連結收支儲蓄表與資產負債表的科目是儲蓄（或負儲蓄）

(D)儲蓄是收入減支出後之淨額。　　　　　　　　【第38屆】

( ) **33** 金融控股公司成立後，對客戶的影響何者錯誤？
(A)金融商品更加多元化
(B)提高一次購足的滿意度
(C)更容易形成產品導向而無客戶導向
(D)往來帳戶整合可以更加便利。 【第39屆】

( ) **34** 小李原有本金50萬元，另信用貸款200萬元，全部投資於某金融
商品，倘貸款年利率5%，年投資報酬率為10%，則一年後其淨
值投資報酬率為何？
(A)20% (B)30%
(C)50% (D)70%。 【第39屆】

( ) **35** 下列何者係衡量家庭財務結構之負債比率公式？
(A)總負債／淨值 (B)總負債／總資產
(C)淨值／總負債 (D)總資產／總負債。 【第39屆】

( ) **36** 有關投資風險的承受度因素，下列敘述何者正確？
(A)一般而言年輕人可承受風險的能力較低
(B)投資期限愈長，愈不宜選擇短期內高風險的投資工具
(C)理財目標的彈性愈大，可負擔的風險愈高
(D)資金需要動用的時間離現在愈長，愈無法承擔高風險。【第39屆】

( ) **37** 在計算年金終值時，下列敘述何者正確？
(A)每期金額固定，每期現金流量可中斷
(B)每期金額固定，每期現金流量不可中斷
(C)每期金額不固定，每期現金流量可中斷
(D)每期金額不固定，每期現金流量不可中斷。 【第39屆】

( ) **38** 理財規劃人員協助客戶訂定理財目標時，下列何者不符SMART
原則？
(A)目標內容及希望達成時間應明確
(B)目標應數據化、金錢化
(C)目標應超越現實而理想化
(D)達成目標之計畫應具體。 【第39屆】

( ) **39** 有關契稅，下列敘述何者正確？
(A)房屋所有權移轉應繳納契稅，且納稅義務人為賣方
(B)土地所有權移轉應繳納契稅，且納稅義務人為賣方
(C)房屋所有權移轉應繳納契稅，且納稅義務人為買方
(D)土地所有權移轉應繳納契稅，且納稅義務人為買方。【第39屆】

( ) **40** 有關固定投資比例策略之敘述，下列何者錯誤？
(A)此種策略之調整方式，在盤整市場時將買高賣低，造成兩面損失
(B)可依個人理財目標及風險偏好等主客觀標準，決定個人最適比例
(C)投資在股票或成長型基金之比例以市值計算
(D)調整標準不易拿捏，若投資標的價值變化較大時才調整，策略效果會打折。【第39屆】

( ) **41** 證券市場線是在表達預期報酬率與下列何者的關係？
(A)實現報酬率　　　　　　(B)必要報酬率
(C)總風險　　　　　　　　(D)β值。【第39屆】

( ) **42** 被繼承人死亡前二年贈與特定人之資產，於死亡後仍應併入遺產總額課徵遺產稅，下列何者不屬於所謂之「特定人」？
(A)被繼承人之配偶　　　　(B)被繼承人之子女
(C)被繼承人之女婿　　　　(D)被繼承人之堂兄弟。【第39屆】

( ) **43** 許阿姨現年50歲，即刻起每年工作結餘50萬元均用於投資，假設每年投資報酬率為7%，在不考慮通貨膨脹率的情況下，希望退休時能累積至1,000萬元以供退休後生活使用，則許阿姨最早能於幾歲時退休？
(A)59歲　　　　　　　　　(B)61歲
(C)63歲　　　　　　　　　(D)65歲。【第39屆】

( ) **44** 有關房屋貸款採「本利平均攤還法」計息方式，下列敘述何者正確？
(A)每期償還房貸本金遞減，每期利息額遞增
(B)每期償還房貸本金不變，每期利息額遞減

(C)每期償還房貸本金遞增，每期利息額遞減

(D)每期償還房貸本金遞減，每期利息額不變。 【第39屆】

( ) **45** 如想要以定期定額基金投資，圓滿達成投資所規劃之目的，則下列敘述何者非屬必要條件？

(A)投資者必須要經得起基金淨值的漲跌起伏

(B)投資者必須長期持續維持基金月扣款能力

(C)投資者必須擁有豐富先進的財經專業知識

(D)投資者必須選擇具規模與信譽的基金公司所發行之優質基金。

【第39屆】

( ) **46** 有關贈與稅之敘述，下列何者錯誤？

(A)贈與稅的納稅義務人，為贈與人

(B)贈與標的物附有負擔，由受贈人負擔部分可在贈與總額中扣除

(C)每人每年得自贈與總額中扣除免稅額

(D)贈與之財產為上市、櫃公司股票，其價值之認定，係以贈與當日之公司帳面之資產淨值計算。 【第39屆】

( ) **47** 某甲目前每月支出54,000元，預計退休後之月支出淨減少15,000元，假設退休後餘命28年，若不考慮退休後的投資報酬率及通貨膨脹率，請問其退休金總需求為多少？（取最接近值）

(A)1,000萬元 (B)1,050萬元

(C)1,105萬元 (D)1,310萬元。 【第39屆】

( ) **48** 下列何項理財活動可創造當期家庭現金流量之淨流入？

(A)申購海外基金 (B)償還房屋貸款

(C)購買新車 (D)以現金卡預借現金。 【第39屆】

( ) **49** 有關緊急預備金的敘述，下列何者錯誤？

(A)衡量緊急預備金的因應能力，最低標準的失業保障月數是三個月

(B)要提高意外災變承受能力，在年生活費不變的情況下，應設法提高可變現資產

(C)緊急預備金可以活存及備用的貸款額度儲備

(D)當存款利率與短期信用貸款利率差距愈大時，以存款當緊急預備金之誘因愈小。 【第41屆】

( ) **50** 小張年收入200萬元，消費支出120萬元，房貸利息支出24萬元，年金保險費用6萬元，毛儲蓄50萬元，則其財務負擔率為何？
(A)15%　　　　　　　　　　(B)25%
(C)60%　　　　　　　　　　(D)75%。　　　　　　　　【第39屆】

解答與解析

1 (C)。邊際消費率＝
（消費支出－基本支出）÷年收入＝(90萬－40萬)÷100萬＝50%

2 (A)　3 (B)　4 (D)　5 (D)

6 (D)　7 (C)　8 (D)　9 (B)

10 (A) 11 (D) 12 (C) 13 (A)

14 (A) 15 (B) 16 (B) 17 (B)

18 (D) 19 (C) 20 (C) 21 (D)

22 (D) 23 (B) 24 (B)

25 (B)。工作時間×（收入－支出）
＝退休時間×消費，（工作年紀－45）×0.4＝（75－工作年紀）×（100－40%[儲蓄率]），工作年紀＝45＋18＝63歲。

26 (A) 27 (A) 28 (B) 29 (D)

30 (A) 31 (B) 32 (B) 33 (C)

34 (B) 35 (B) 36 (C) 37 (B)

38 (C) 39 (C) 40 (A) 41 (D)

42 (D)

43 (C)。取近似值，1000萬＝50萬×（年金終值），1000萬／50萬＝20，查表找（7%,n）最接近20數字的年期，可以查到為13年。許阿姨現年50歲，再加上13年，故為63歲退休。

44 (C) 45 (C) 46 (D)

47 (D)。（5.4－1.5）×12個月×28年＝1310.4（萬）元

48 (D) 49 (D) 50 (A)

模擬試題

💲 理財工具

(　) **1** 老王今年已經89歲，想要訂一個信託契約，如果老王想要指定王孫為享有全部信託利益的受益人，而此信託可稱為下列何種？
(A)自益信託
(B)公益信託
(C)他益信託
(D)利益信託。

(　) **2** 如果要推薦產品給風險承受度為中間值的客戶，則下列何種基金同時有資本利得與固定收益，屬於穩健型的基金？
(A)成長型基金
(B)成長加收益型基金
(C)收益型基金
(D)平衡型基金。

(　) **3** 下列何種金融機構可以合法自行發行金融債券來籌集資金？
(A)專業銀行
(B)農會信用部
(C)信託投資公司
(D)證券投資信託公司。

(　) **4** 下列何種衍生性金融商品的交易，因為有違約的可能性，所以會先強制繳納保證金，而後繼續維持保證金的水準？
(A)買進買權
(B)買進期貨
(C)買進賣權
(D)買進認購權證。

(　) **5** 對於遺囑信託的設立條件，下列何者正確？
(A)以遺囑設立信託，應另行訂定信託契約為之
(B)繼承人於遺囑人死亡後，依據遺囑，與受託人簽訂之信託契約
(C)委託人以立遺囑方式設立信託，無須取得受託人同意
(D)委託人在生前與受託人訂立之信託契約，死亡為啟動條件，不需要有遺囑。

(　) **6** 衍生性金融商品中的期貨，此商品的交易價格是以下列何者來計算？
(A)履約價格
(B)保證金
(C)權利金
(D)總價金。

( ) **7** GDP與GNP的差異為何？
(A)個人直接稅　　　　　　　　(B)企業間接稅
(C)國內要素所得　　　　　　　(D)國外要素所得。

( ) **8** 下列何者為國內同時指標的參考？
(A)實質海關出口值　　　　　　(B)核發建照面積
(C)股價指數　　　　　　　　　(D)外銷訂單指數

( ) **9** 存款人需在約定時間後才可以領取存款，屬於何種存款？
(A)活期存款　　　　　　　　　(B)支票存款
(C)定期存款　　　　　　　　　(D)以上皆無。

( )**10** 想要觀察景氣落後指標，應參考下列何者？
(A)製造業銷售量指數　　　　　(B)製造業營業氣候測驗點
(C)非農業部門就業人數　　　　(D)失業率。

( )**11** 當景氣對策信號由黃紅燈轉為紅燈時，代表此時的景氣發生何事？
(A)景氣過熱，政府宜採適當的緊縮措施
(B)景氣穩定，政府應採取能穩定促進成長的措施
(C)景氣欠佳，政府應適時採取擴張措施
(D)景氣進入衰退，政府有必要採取強力刺激景氣復甦政策。

( )**12** 當市場發生何種情況，會不利於投資債券？
(A)物價水準下跌　　　　　　　(B)貨幣供給緊縮
(C)市場利率下降　　　　　　　(D)存款準備率調降。

( )**13** 下列哪一種債券的信用評等，不屬於高收益債券的範圍？
(A)BBB　　　　　　　　　　　(B)BB
(C)B　　　　　　　　　　　　(D)BB＋。

( )**14** CPI消費者物價指數的範圍不包含何種價格？
(A)工資　　　　　　　　　　　(B)醫藥費
(C)早餐　　　　　　　　　　　(D)股價。

( )**15** 理財規劃裡的信託工具，其最主要的功能為下列何者？
(A)節省稅負　　　　　　　　　(B)資產傳承
(C)財產管理　　　　　　　　　(D)創造收益。

( ) **16** 旅行平安保險為保障旅遊途中的意外與醫療風險，其醫療給付方
式為下列何者？
(A)採實支實付
(B)採定額給付
(C)採實支實付，但一般以保險金額十分之一為限
(D)採定額給付，以保險金額十分之一為限。

( ) **17** 選擇權買權中的價平選擇權，指的是下列何種情況？
(A)當履約價格大於標的物價格
(B)當履約價格小於標的物價格
(C)當履約價格等於標的物價格
(D)當履約價格不等於標的物價格。

( ) **18** 對投資人來說，可轉換公司債有什麼吸引的優點？
(A)當公司經營好，可額外收穫資本利得
(B)轉換權利在公司，投資人可期待公司良心經營
(C)可轉換公司債之求償權最大
(D)市場有利的時機下，投資人可以轉換為公司股票。

( ) **19** 領先指標可以預先判斷景氣趨勢的變化，但是下列何者不屬於此？
(A)實質半導體設備進口值　　　(B)建築物開工樓地板面積
(C)股價指數　　　　　　　　　(D)實質海關出口值。

( ) **20** 人身保險、傷害保險中都有除外責任，下列何者非除外責任？
(A)要保人故意致被保險人於死
(B)被保險人因犯罪被處死
(C)受益人故意致被保險人於死
(D)以上皆是。

( ) **21** 關於信託的簽訂，下列敘述何者不正確？
(A)由委託人與受託人簽訂契約而成立者，稱為契約信託
(B)由委託人以遺囑設立者稱為遺囑信託
(C)委託人對外宣言並將財產交付受託人成立者，稱為宣言信託
(D)以公共利益為目的者稱為公益信託。

( ) **22** 關於封閉型基金的敘述，下列何者錯誤？
　　(A)基金規模為固定　　　　　　(B)基金沒有贖回壓力
　　(C)發行基金為折價狀態　　　　(D)基金價格與淨值有關。

( ) **23** 下列何種基金為風險偏好者的最愛？
　　(A)平衡型　　　　　　　　　　(B)固定收益型
　　(C)成長型　　　　　　　　　　(D)積極成長型。

( ) **24** 有關債券存續期間之敘述，下列何者正確？
　　(A)零息債券的存續期間等於到期期間
　　(B)一般債券的存續期間大於到期期間
　　(C)在其他條件固定下，到期年限長者，則存續期間也較短
　　(D)在其他條件固定下，票面利率較高者，投資成本回收的慢。

( ) **25** 關於「景氣對策信號」的構成內容，下列何者不正確？
　　(A)共分為五種燈號，九項構成指標
　　(B)景氣燈號由綠燈轉為黃藍燈表示景氣轉弱
　　(C)總計分最高分為45分，最低分為9分
　　(D)貨幣總計數M2為構成指標之一。

( ) **26** 以下哪一種基金的類型，在分散風險的角度來看是效果最佳的
選擇？
　　(A)新興市場股票型基金　　　　(B)全球ETF成長組合型基金
　　(C)全球不動產證券化基金　　　(D)巴西指數型基金。

( ) **27** 下列何者不是共同基金的獲利來源？
　　(A)債券固定配息　　　　　　　(B)股利收入
　　(C)權利金收入　　　　　　　　(D)投資資本利得。

( ) **28** 下列何者的利率可能比個人實支型信用貸款來的高？
　　(A)機關團體員工消費貸款　　　(B)理財型房貸
　　(C)個人設定額度型信用貸款　　(D)信用卡循環利率。

( ) **29** 在貨幣供給額的計算中，M2的統計範圍不包含下列哪項存款？
　　(A)外匯存底　　　　　　　　　(B)定期存款
　　(C)活期存款　　　　　　　　　(D)外幣存款。

( ) **30** 依照國內的證券交易法令規定，可以經營有價證券之行紀或居間證券業務的機構，是指哪一種？
(A)證券自營商　　　　　　　(B)證券承銷商
(C)證券經紀商　　　　　　　(D)證券投資顧問公司。

( ) **31** 債券的存續期間影響與敘述內容，下列何者不正確？
(A)一般債券存續期間會小於到期日，而零息債券之存續期間剛好等於到期日
(B)存續期間是指將債券各期收益加以折現，並用時間加權計算推斷需多少年才能回收其成本
(C)在其他條件不變之下，債券票面利率愈低，則存續期間愈長
(D)當殖利率大幅變動時，價格變動的幅度可以存續期間估計；但當殖利率小幅變動時，則不適用。

( ) **32** M1B是指M1A與何種數據相加而成的？
(A)準貨幣　　　　　　　　　(B)定期存款
(C)外幣存款　　　　　　　　(D)活期儲蓄存款。

( ) **33** 股價指數為5,750，而當日移動平均值為5,634，請計算出題目中的乖離率應為多少？（取最接近值）
(A)1.9%　　　　　　　　　　(B)2.1%
(C)2.5%　　　　　　　　　　(D)3.9%。

( ) **34** 對於信用卡的使用須知，下列何者不正確？
(A)信用卡的循環利率最高為18%
(B)可延遲結帳日後繳款，非當下付
(C)若是在最後結帳日沒有繳交最低金額，銀行可收取違約金
(D)寬限期是指從消費當日開始至消費計息之時間。

( ) **35** 阿Q今日在期貨市場中交易了一口股票指數的契約，履約價格為3,000點，那麼這口期貨契約的價值應為多少元？
(A)300萬元　　　　　　　　 (B)150萬元
(C)80萬元　　　　　　　　　(D)60萬元。

（　）**36** 股價分有基本分析和技術分析，下列何者屬於技術分析的內容？
(A)移動平均線　　　　　　　(B)經濟成長率
(C)資產報酬率　　　　　　　(D)長期資金適合率。

（　）**37** 每項金融工具都有其目的和作用，但是下列何者不是期貨商品的功能？
(A)避險　(B)投機　(C)價格發現　(D)募集資本。

（　）**38** 有關普通股的敘述，下列何者不正確？
(A)可參與公司經營權利
(B)優先認購增資新股權利
(C)承擔公司的經營成敗後果
(D)優先於特別股之分配股利權。

（　）**39** A債券的票面面額120萬元、每年付利息2萬元，以122萬元價格成交，則比較此債券各收益率高低之敘述何者正確？
(A)票面利率＞當期收益率＞到期收益率
(B)票面利率＞到期收益率＞當期收益率
(C)當期收益率＞到期收益率＞票面利率
(D)到期收益率＞當期收益率＞票面利率。

（　）**40** 艾略特的波浪理論中提到，五波中最強烈的買進訊號是何者？
(A)第一波　(B)第二波　(C)第三波　(D)第四波。

（　）**41** 假若花花今天賣出一口買權，並且同時賣出一口相同履約價的賣權，則花花對市場的預期應該是？
(A)看漲　　　　　　　　　　(B)看跌
(C)預期市場將大漲或大跌　　(D)預期市場將狹幅震盪。

（　）**42** 人壽保險為了轉嫁不同的風險，可以分為下列幾類？
(A)死亡保險、生存保險、生死合險三類
(B)死亡保險、健康保險、傷害保險三類
(C)死亡保險、健康保險、年金保險三類
(D)死亡保險、生存保險、生死合險、年金保險四類。

(　　) **43** 下列何項信用評等屬於可投資的等級？
(A)中華信評tw BBB　　　　　　(B)惠譽（Fitch）BBB
(C)標準普爾（S&P）BBB　　　　(D)以上皆是。

(　　) **44** 艾略特波浪的理論，總共有幾個上升波與下降波？
(A)上升趨勢有一波，下降趨勢有三波
(B)上升趨勢有三波，下降趨勢有五波
(C)上升趨勢有四波，下降趨勢有四波
(D)上升趨勢有五波，下降趨勢有三波。

(　　) **45** 國內的指數股票型基金（ETF），是連結國內的股票指數，而此
ETF的投資操作，下列敘述何者不正確？
(A)屬於被動式管理基金
(B)可信用交易
(C)基金管理費較一般基金高
(D)出售時課徵之證券交易稅較股票低。

(　　) **46** 愛樂公司的公司淨值為6,500,000元，在市場上流通著500,000
股，股價淨值比為15，那麼愛樂公司的股票合理價格應該為多
少？
(A)182元　　　　　　　　　　(B)130元
(C)195元　　　　　　　　　　(D)165元。

(　　) **47** 集合運用管理信託由是依據哪個法源設立？
(A)證券交易法　　　　　　　　(B)共同基金管理辦法
(C)投資信託管理辦法　　　　　(D)信託與信託業法。

(　　) **48** 阿茂投保了傷害險保額100萬元，若是他因工作遭受意外使一隻
手的拇指和食指被切斷，導致符合失能等級第8級，則可領取多
少比例的失能保險金？
(A)5%　　　　　　　　　　　(B)10%
(C)20%　　　　　　　　　　(D)30%。

(   ) **49** 阿美在今年為全家人投保了保險，丈夫的保費是56,000元，自己的保費是32,000，大兒子的保費是15,000，小兒子的保費是8,000。請問明年報稅的時候，阿美可以列舉扣除的保險費為多少？

      (A)111,000元   (B)96,000

      (C)88,000元   (D)71,000元。

(   ) **50** 小明在今日研究了A公司，對於A公司的股票市場趨勢不看好，但又怕自己研究有誤，那麼請問小明可以進行何種投資策略來降低投資失利的風險？

      (A)購買A公司股票且買入A公司股票的買權

      (B)購買A公司股票且買入A公司股票的賣權

      (C)放空A公司股票且買入A公司股票的賣權

      (D)放空A公司股票且買入A公司股票的買權。

解答與解析

1 (C)   2 (D)   3 (A)   4 (B)

5 (C)   6 (A)

7 (D)。 GDP＝GNP－國外要素所得

8 (A)   9 (C)   10 (D)   11 (A)

12 (B)   13 (A)

14 (D)。 CPI消費者物價指數為一般民生支出（財務、勞務），不包含投資性質之股票價格。

15 (C)   16 (C)   17 (C)   18 (D)

19 (D)   20 (D)   21 (C)   22 (D)

23 (D)   24 (A)   25 (D)   26 (B)

27 (C)。 權利金為選擇權的獲利來源，非共同基金。

28 (C)   29 (A)   30 (C)   31 (D)

32 (D)

33 (B)。[股價指數－當日移動平均值]／當日移動平均值,所以[5,750－5,634]／5,634＝2.05%,最接近值為2.1%,故答案為(B)。

34 (C)

35 (D)。期貨契約的一口單位為200元,故3,000點×200元＝60萬元

36 (A) 37 (D) 38 (D) 39 (A)

40 (D) 41 (D) 42 (A) 43 (D)

44 (D) 45 (C)

46 (C)。淨值／股數×淨值比,所以650萬／50萬×15＝195元

47 (D) 48 (D)

49 (D)。保險費每年可列舉上限為24,000元,所以夫妻倆只能列24,000×2＝48,000,再加上大兒子與小兒子的保險費,48,000＋15,000＋8,000＝71,000元

50 (D)。對於A公司股票不看好,可以進行放空來期待股票下跌而獲利,但是害怕A公司股票有可能會有上漲的空間,便買入買權,使自己有權利在開始上漲的價格執行購買股票的權利。

理財實務規劃

(　　) **1** 有關家庭財務規劃的安排，下列何種作法正確？
(A)家庭計畫設定時，要將子女養育金考量在內
(B)設算子女養育金時，不需考慮通貨膨脹率
(C)租屋及購屋的選擇與子女養育金沒有關係
(D)若子女教育金之規劃臨時中斷，必須移撥退休預算來持續。

(　　) **2** 計算夏普比率的公式定義下列何者正確？
(A)超額報酬／報酬率之標準差
(B)超額報酬／無風險報酬
(C)絕對報酬／貝他係數
(D)超額報酬／貝他係數。

(　　) **3** 淨值成長率的計算公式，分子的計算下列何者正確？
(A)負債＋理財支出－理財收入
(B)毛儲蓄＋理財收入
(C)負債＋理財支出
(D)毛儲蓄＋理財收入－理財支出。

(　　) **4** 現在市場上有一檔甲基金，甲基金的Beta值較乙基金高，則代表
了這個甲基金有以下何種情況？
(A)預期報酬率高於乙基金
(B)波動程度高於乙基金
(C)基金經理人績效優於乙基金
(D)淨值比乙基金高。

(　　) **5** 咚咚購買了一張五年期面額100萬元的零息債券，假設現市場殖
利率為5%，則此張債券的價格是求何種值？
(A)年金終值　　　　　　　　(B)年金終值加複利現值
(C)複利終值　　　　　　　　(D)複利現值。

(　　) **6** 市場現在假設有兩種基金A與B，是同樣類型的基金，A基金的平
均報酬率為16%、無風險利率為3%、標準差為10%；而B基金的

平均報酬率為12%，無風險利率為4%，標準差為6%，對於兩者的敘述何者不正確？

(A)投資A基金的夏普指數為1.3

(B)投資B基金的夏普指數為1.6

(C)投資A基金的績效優於B基金

(D)以上皆不正確。

( ) **7** 購屋計劃裡，貸款便是其中一門重要的學問，像是「本金平均攤還法」或「本利平均攤還法」兩種還款方式，何者正確？

(A)本金平均攤還法所付利息總額較多

(B)本利平均攤還法付息金額逐期遞減

(C)本金平均攤還法付息金額逐期遞增

(D)本利平均攤還法每期還本加付息金額遞減。

( ) **8** 王叔叔今年60歲，已經工作25年，若王叔叔每年稅後收入有120萬元，年支出為80萬元，而理財收入為淨值的15%，則其財務自由度為何？

(A)119%   (B)122%

(C)150%   (D)187.5%。

( ) **9** 變異係數可用來評估風險與投資組合的決策，其公式下列何者正確？

(A)Beta值／預期收益率   (B)Beta值／標準差

(C)標準差／預期收益率   (D)變異數／預期收益率。

( )**10** 若是花王今年打算申請房屋貸款800萬元，二年寬限期，若貸款期間20年，貸款利率2%，寬限期後採本利平均攤還法按年償還，請問小張在第五年償還本息後，其房屋貸款餘額為下列何者（取最接近值）？【年金現值（18,2%）＝14.992；年金現值（15,2%）＝12.849】

(A)627萬元   (B)685萬元

(C)714萬元   (D)731萬元。

（　　）**11** Beta係數（β）的用途是為了衡量市場系統性風險，試問無風險資產之beta係數應為多少？

(A)0　(B)0.5　(C)1　(D)－1。

（　　）**12** 每個理財規劃目標都應該設立完成時間，下列何者不具有時間彈性？

(A)購屋規劃　　　　　　　　(B)教育規劃

(C)換車規劃　　　　　　　　(D)旅遊規劃。

（　　）**13** 為了達成多個理財目標可以採用目標並進法，關於其優點何者不正確？

(A)盡量延長各目標達成時間

(B)使複利效果充分發揮

(C)提高遠期目標早期所需投入金額

(D)早期儲蓄還有餘裕分配至中長期目標。

（　　）**14** 房貸有分為傳統型與理財型房貸，對於理財型房貸的特性何者形容的不正確？

(A)不動用時完全不用支付利息

(B)以房地產為擔保品

(C)動用時按日計息

(D)一般而言其適用利率較傳統型房貸為低。

（　　）**15** 在編製家庭收支儲蓄表的時候，有些項目的科目分類何者不正確？

(A)已實現資本利得是屬於收入科目

(B)未實現資本利得不會顯示在收支儲蓄表中

(C)活會利息屬於利息支出科目

(D)預售屋之預付款為資產科目。

（　　）**16** 假設可承擔風險係數m＝2，起始總資產市值V為200萬元，可容忍的最大損失為20%。若目前已經投資股票的市值增加了10萬元，則可投資股票金額K變動為多少？

(A)105萬元　　　　　　　　(B)110萬元

(C)165萬元　　　　　　　　(D)180萬元。　　　　【第21屆改】

(　)**17** 關於現今財富管理的內容，下列何者正確？
　　(A)財富管理是只限私人VIP才可享用的服務
　　(B)財富管理的目的是替客戶的資產增值
　　(C)財富管理只針對高端客戶的專業理財需求做規劃
　　(D)財富管理不包含退休、稅務規劃。

(　)**18** 關於理財步驟的順序，何者正確？甲、擬定理財規劃報告，乙、蒐集客戶資訊，丙、建立信任關係，丁、檢視與控管目標進度，戊、提出建議投資標的
　　(A)甲乙丙丁戊　　　　　　　(B)乙丁甲丙戊
　　(C)丙乙戊甲丁　　　　　　　(D)丁戊乙甲丙。

(　)**19** 在進行保險需求計算時，若採用淨收入彌補法來評估，則代表？
　　(A)年紀愈大表示還可工作時間愈短，其應有保額需求亦愈小
　　(B)個人財務自由度愈高，其應有保額需求愈低
　　(C)當個人支出占所得比重愈大，其應有的保額愈多
　　(D)投資報酬率愈高，則保險需求也愈高。

(　)**20** 進行理財投資規劃時，有幾個重要原則與內容要注意，下列何者正確？
　　(A)假設投資人為風險規避者，在相同的預期風險中偏好高報酬率的組合
　　(B)在風險與報酬率的無異曲線，愈往左上方的無異曲線其效用水準愈低
　　(C)在計算個股之Beta係數時，係以該個股與整個市場的共變異數，除以該個股之變異數
　　(D)投資組合之變異數為該投資組合內各投資標的投資權數與對應之變異數之乘積總和。

(　)**21** 理財規劃中的稅務規劃內容，以下何者不正確？
　　(A)綜合所得稅之課稅基礎基於中華民國來源之所得，故視為屬地主義課稅基礎
　　(B)對於贈與行為時，對於贈與人行蹤不明時係以受贈人為納稅義務人

(C)對於被繼承人死亡前5年內繼承之財產已納遺產稅者，不計入
遺產總額項目內

(D)在所得稅法規定納稅義務人就標準扣除額或特別扣除額擇一
減除外，並減除列舉扣除額。

( ) **22** 固定投資比率策略的特性，下列何者正確？
(A)會追高殺低 　　　　　　(B)調整標準易拿捏
(C)常常大進大出 　　　　　　(D)股票上漲時會減碼。

( ) **23** 對於一個家庭報表中的財務負債狀況，下列何者敘述有誤？
(A)負債比率＝負債/總資產
(B)股票融資融券、信用卡應付款、自用住宅貸款都屬於負債
(C)負債比率越高，財務負擔越重
(D)融資比率＝消費負債/總資產。

( ) **24** 已知陳先生的年收入為150萬元，消費支出50萬元，房貸利息年
支出27萬元，年金保險費用6萬元，毛儲蓄60萬元，則陳先生的
財務負擔率為何？
(A)16% 　　　　　　(B)22%
(C)40% 　　　　　　(D)55%。

( ) **25** 小王投資股票的第一年報酬率為80%，而第二年的股票報酬率為
－10%，第三年的股票報酬率為30%，則其三年來的幾何平均報
酬率為多少？（取最接近值）
(A)45.1% 　　　　　　(B)52.6%
(C)61% 　　　　　　(D)77.8%。

( ) **26** 假設如花今天看中一檔基金，此基金的風險貼水為9%，變異數為
0.25%，若在無風險利率2%的環境之下，則A基金的夏普指數應
為多少？
(A)1.8 　　　　　　(B)1.5
(C)1 　　　　　　(D)0.9。

( ) **27** 在全方位規劃中同樣有衡量家庭財務結構的指標，而這些指標的敘述何者不正確？
(A)若家庭淨值投資比率＞1，代表有借錢投資
(B)負債比率之計算，包含消費負債、投資負債
(C)投資資產比重愈低，淨值投資比率愈高
(D)負債比率愈低，財務負擔愈輕。

( ) **28** 蘇先生花600萬元買房子準備出租，預計16年後仍可以400萬元賣出，若他要求年報酬率為4%，則他每年租金淨收益至少要多少才能達成年報酬率為4%的要求（取最接近的數值）？
(A)32.2萬元　　　　　　　　(B)33.2萬元
(C)34.2萬元　　　　　　　　(D)35.2萬元。

( ) **29** 當進行全方位規劃的時候，很強調資產配置的概念，但下列何者做法有誤？
(A)不但要分散投資，還要分散到低相關性資產類別
(B)同一資產類別中也可以選擇超過一種標的
(C)不論資金多寡都可以做資產配置
(D)資產類別規劃的愈多，整體風險越低。

( ) **30** 當人生邁入25歲，此年齡通常為生涯規劃的哪一階段？
(A)退休期　(B)建立期　(C)高原期　(D)維持期。

( ) **31** 花花有定存25萬元，古董字畫現值6萬元，價值5萬元的戒指，而平均月固定支出為3萬元，則其緊急預備金的失業保障月數應為幾個月？
(A)5個月　(B)8個月　(C)10個月　(D)12個月。

( ) **32** 一個家庭在準備緊急預備金的時候，何者想法錯誤？
(A)可以拿備用的貸款額度來籌備
(B)準備方式可用存款、資產準備
(C)是為了避免家庭遭受失業或失能導致工作收入中斷
(D)銀行存款最少要能負擔固定支出至少3個月。

（　）**33** 下列對於投資組合的概念不正確？
　　(A)投資者應將資金投資於相關性低的投資標的物上
　　(B)若將共變異數為負的兩標的物納入投資組合內，分散風險的
　　　效果較大
　　(C)就是要把所有雞蛋都放在同一個籃子裏
　　(D)投資組合有可能達到分散風險的效果。

（　）**34** 咚咚的投資組合裡，包含了A、B、C三家公司的股票，比重分別
　　為30%、25%及45%，這三家的股票期望投資報酬分別為10%、
　　8%及9%，這樣一個投資組合報酬率應為何？
　　(A)6%　　(B)7%　　(C)8%　　(D)9%。

（　）**35** 遺產稅稅法內容中說明，當被繼承人在死亡前幾內所繼承的資
　　產，若已納過遺產稅者，不必再計入遺產總額？
　　(A)1年　　(B)2年　　(C)3年　　(D)5年。

（　）**36** 當專業理財規劃人員在協助客戶管理財富時，何種建議不適合？
　　(A)儲蓄額降低時，宜減少開銷或增加收入
　　(B)倘累積生息資產大幅減損時，可考慮延長目標達成年限
　　(C)利率持續走升，則定存到期時可買進債券型基金
　　(D)有緊急意外支出需求時，可尋求優惠利率貸款支應。

（　）**37** 理財規劃可將理財價值觀分為四種典型，對此敘述下列何者錯
　　誤？
　　(A)螞蟻族是認真工作，先苦後甘
　　(B)蟋蟀族是青春不留白，及時行樂
　　(C)蝸牛族是有土斯有財，有恆產才有恆心
　　(D)慈烏族盡孝道，盡心伺候父母至壽終正寢。

（　）**38** 阿旺的媽媽希望幫阿旺存到三年後念大學的錢，約需100萬元，
　　假設利率為8%情況下，從現在起每年需固定存多少錢？（取最
　　接近值）
　　(A)19.5萬元　　　　　　　　(B)21.1萬元
　　(C)21.6萬元　　　　　　　　(D)30.8萬元。

（　）**39** 透過風險與報酬率組成的無異曲線，關於無異曲線的敘述何者不正確？
(A)在無異曲線上的任何一點效用相同
(B)愈往左上方的無異曲線，效用水準愈低
(C)風險與報酬率呈現向右凸性
(D)風險與報酬率呈現正向關聯。

（　）**40** 花王的年收入150萬元，年支出100萬元，年毛儲蓄為50萬元，以現金方式持有，而花王年初有生息資產100萬元，在無負債亦無其他自用資產下，投資報酬率10%，則花王的當年度淨值成長率為下列何者？
(A)40%　(B)50%　(C)55%　(D)60%。

（　）**41** 池惠善已經工作了10年，年收入500萬元，年生活支出200萬元，現在的資產有250萬元，請問池會善的理財成就率為多少？
(A)30%　(B)8.3%　(C)7.4%　(D)5%。

（　）**42** 冰冰今年35歲，他想要60歲的時候準時退休，冰冰現在每年生活支出60萬元，想要退休的時候有3,000萬元的退休資產，但是目前僅有300萬元的生息資產，如果冰冰目前的投資組合報酬率有8%，則冰冰在未來25年期間，平均每年應有多少收入才可以達成這個理財目標？（取最接近值）（8%，25複利終值）＝6.848（8%，25年金終值）＝73.106
(A)68.2萬元　(B)72.9萬元　(C)112萬元　(D)160萬元。

（　）**43** 關於理財計算基礎的公式，下列何者正確？
(A)期初年金終值係數（n,r）＝期末年金終值係數（n,r）＋複利終值係數（n,r）－1
(B)期初年金終值係數（n,r）＝期末年金終值係數（n,r）－複利終值係數（n,r）－1
(C)期初年金現值係數（n,r）＝期末年金終值係數（n,r）－複利終值係數（n,r）＋1
(D)期初年金現值值係數（n,r）＝期末年金終值係數（n,r）＋複利終值係數（n,r）。

( ) **44** 假設現有甲股票，此A的平均報酬率6%，標準差20%；而乙股票平均報酬率8%，標準差5%，在無風險利率1%下，下列敘述何者正確？
(A)甲股票夏普指數大於1
(B)乙股票夏普指數小於1
(C)甲股票與乙股票夏普指數相同
(D)甲股票夏普指數小於乙股票夏普指數。

( ) **45** 關於家庭現金流量的管理，下列何者的作法正確？
(A)家庭的現金流量可只簡單分為生活支出和投資支出
(B)貸款和保險的繳費年限應拉長至退休之後
(C)退休後的理財儲蓄應該要為正數且可支付生活
(D)工作收入過低的話，應增加貸款。

( ) **46** 當家庭進行理財規劃的時候，下列何種做法符合年金的觀念？
甲、定期定額，乙、彈性繳費，丙、長期進行
(A)甲乙丙   (B)乙丙
(C)甲乙   (D)甲丙。

( ) **47** 下列何者符合Smart的目標設定特性？
(A)投入大量資金任意操作衍生性金融商品，以小博大
(B)透過規劃預算買彩券，等中大獎
(C)等朋友抱股票明牌，等時機一到就出手購買
(D)預設30年後退休，退休時存有2千萬的資產。

( ) **48** 理財規劃人員執業的過程中，有幾項原則需要遵守，下列何者主要是避免客戶利益衝突，禁止理財規劃人員不當得利的原則？
(A)忠實義務原則
(B)專業原則
(C)誠信原則
(D)善良管理原則。

( ) **49** 理財規劃的實務中，如何替有不同風險承受度的客戶給予正確的建議？
　　(A)已退休的客戶更適合大槓桿的投資高風險高報酬的標的
　　(B)若是風險承受度高的人，只適合規劃固定收益的金融商品
　　(C)擁有保本核心的投資策略，最適合風險承受度低的客戶
　　(D)喜歡炒地皮、選擇權期貨的客戶，應推薦對方穩定增長型的組合。

( ) **50** 理財規劃中的TOPS原則中，下列描述何者正確？
　　(A)O是代表Options，是要客戶認真挑選、選擇適合自己的金融產品
　　(B)S是代表Sale，表示理財規劃人員應努力促成商品的銷售
　　(C)P是代表Patient，說服客戶應對投資操作有耐心
　　(D)T是代表Trust，代表需取得客戶的信任。

解答與解析

1 (A)　2 (A)　3 (D)　4 (B)

5 (D)

6 (B)。夏普指數 $= \dfrac{R_p - R_f}{\sigma}$ ，所以A的夏普指數為1.3、B的夏普指數為1.33

7 (B)

8 (D)。（120萬－80萬）×25年＝1000萬；1000萬×15%＝150萬；150萬／80萬＝187.5%

9 (C)

10 (B)。採用本利平均攤還，每年還53.36萬（800萬／年金現值（n＝18，2%）），每年利息約16萬元（800萬×0.02），前兩年只還利息，後三年共還了53.36×3＝160.08萬，實際還了本金112.08萬，所以800萬－112.08約等於687.92（萬），接近(B)選項。

11 (A)　12 (B)　13 (C)　14 (D)

15 (C)。活會利息屬於利息收入。

16 (C)。K＝200－200×20%＋10／2＝165（萬元）

17 (B)　18 (C)

19 (A)。如以淨收入彌補法而言，年紀越大者工作時限短、計算之工作收入下降，所以保額相對少。其他三個選項與淨收入彌補法較無相關。

20 (A)　21 (D)　22 (D)

23 (D)。融資比率＝投資負債／生息資產市值

24 (B)。財務負擔率＝理財支出／總收入，27萬元＋6萬元＝33萬元，33萬元／150萬元＝22%

25 (A)。

$$\sqrt{(1+80\%)\times(1-10\%)\times(1+30\%)}-1$$
$$=45.1\%$$

26 (A)。變異數的平方根 $\sqrt{0.25\%}$ ＝0.05，夏普指數＝9%／5%＝1.8

27 (C)。

28 (B)。$(1+4\%)^{16}=1.873$複利終值〔$(1+4\%)^{16}-1$〕／4%＝21.825年金終值

29 (D)　30 (B)

31 (D)。失業保障月＝[存款＋可變現資產]／月固定支出，所以（25＋6＋5）／3＝12個月

32 (D)　33 (C)

34 (D)。0.3×0.1＋0.25×0.08＋0.45×0.09＝9%

35 (D)　36 (C)　37 (D)

38 (D)。透過年金終值，查閱附表年金終值係數（8%,3年）＝3.246，所以100萬／3.246＝30.8萬元

39 (B)

40 (D)。g＝V／E，所以淨儲蓄＝毛儲蓄＋理財收入－理財支出，50萬元＋生息資產×投資報酬率（100萬元×10%＝10萬）＝60萬元，60／100＝60%

41 (B)。理財成就率＝目前的淨資產／（目前的年儲蓄×工作年數），250萬／（500萬－200萬）×10年＝8.3%

42 (B)。3000萬－300萬×（8%，25年，複利終值）＝945萬.6元；60萬元＋945.6萬元／（8%，25年，年金終值）＝72.9萬元

43 (A)

44 (D)。甲股票夏普指數＝（6%－1%）／20%＝0.25；乙股票夏普指數＝（8%－1%）／5%＝1.4，甲＜乙。

45 (C)　46 (D)

47 (D)。因Smart的特性有：具體的、可衡量的、可達成的、有相關的、有完成時限的，只有(D)選項符合。

48 (A)　49 (C)　50 (D)

附錄

附件(1)　年金終值表

N	1%	2%	3%	4%	5%	6%	7%	8%	9%	10%	11%	12%	13%	14%	15%
1	1.000	1.000	1.000	1.000	1.000	1.000	1.000	1.000	1.000	1.000	1.000	1.000	1.000	1.000	1.000
2	2.010	2.020	2.030	2.040	2.050	2.060	2.070	2.080	2.090	2.100	2.110	2.120	2.130	2.140	2.150
3	3.030	3.060	3.091	3.122	3.153	3.184	3.215	3.246	3.278	3.310	3.342	3.374	3.407	3.440	3.473
4	4.060	4.122	4.184	4.246	4.310	4.375	4.440	4.506	4.573	4.641	4.710	4.779	4.850	4.921	4.993
5	5.101	5.204	5.309	5.416	5.526	5.637	5.751	5.867	5.985	6.105	6.228	6.353	6.480	6.610	6.742
6	6.152	6.308	6.468	6.633	6.802	6.975	7.153	7.336	7.523	7.716	7.913	8.115	8.323	8.536	8.754
7	7.214	7.434	7.662	7.898	8.142	8.394	8.654	8.923	9.200	9.487	9.783	10.089	10.405	10.730	11.067
8	8.286	8.583	8.892	9.214	9.549	9.897	10.260	10.637	11.028	11.436	11.859	12.300	12.757	13.233	13.727
9	9.369	9.755	10.159	10.583	11.027	11.491	11.978	12.488	13.021	13.579	14.164	14.776	15.416	16.085	16.786
10	10.462	10.950	11.464	12.006	12.578	13.181	13.816	14.487	15.193	15.937	16.722	17.549	18.420	19.337	20.304
11	11.567	12.169	12.808	13.486	14.207	14.972	15.784	16.645	17.560	18.531	19.561	20.655	21.814	23.045	24.349
12	12.683	13.412	14.192	15.026	15.917	16.870	17.888	18.977	20.141	21.384	22.713	24.133	25.650	27.271	29.002
13	13.809	14.680	15.618	16.627	17.713	18.882	20.141	21.495	22.953	24.523	26.212	28.029	29.985	32.089	34.352
14	14.947	15.974	17.086	18.292	19.599	21.015	22.550	24.215	26.019	27.975	30.095	32.393	34.883	37.581	40.505
15	16.097	17.293	18.599	20.024	21.579	23.276	25.129	27.152	29.361	31.772	34.405	37.280	40.417	43.842	47.580
16	17.258	18.639	20.157	21.825	23.657	25.673	27.888	30.324	33.003	35.950	39.190	42.753	46.672	50.980	55.717
17	18.430	20.012	21.762	23.698	25.840	28.213	30.840	33.750	36.974	40.545	44.501	48.884	53.739	59.118	65.075
18	19.615	21.412	23.414	25.645	28.132	30.906	33.999	37.450	41.301	45.599	50.396	55.750	61.725	68.394	75.836
19	20.811	22.841	25.117	27.671	30.539	33.760	37.379	41.446	46.018	51.159	56.939	63.440	70.749	78.969	88.212
20	22.019	24.297	26.870	29.778	33.066	36.786	40.995	45.762	51.160	57.275	64.203	72.052	80.947	91.025	102.444
21	23.239	25.783	28.676	31.969	35.719	39.993	44.865	50.423	56.765	64.002	72.265	81.699	92.470	104.768	118.810
22	24.472	27.299	30.537	34.248	38.505	43.392	49.006	55.457	62.873	71.403	81.214	92.503	105.491	120.436	137.632
23	25.716	28.845	32.453	36.618	41.430	46.996	53.436	60.893	69.532	79.543	91.148	104.603	120.205	138.297	159.276
24	26.973	30.422	34.426	39.083	44.502	50.816	58.177	66.765	76.790	88.497	102.174	118.155	136.831	158.659	184.168
25	28.243	32.030	36.459	41.646	47.727	54.865	63.249	73.106	84.701	98.347	114.413	133.334	155.620	181.871	212.793

N	1%	2%	3%	4%	5%	6%	7%	8%	9%	10%	11%	12%	13%	14%	15%
26	29.526	33.671	38.553	44.312	51.113	59.156	68.676	79.954	93.324	109.182	127.999	150.334	176.850	208.333	245.71.
27	30.821	35.344	40.710	47.084	54.669	63.706	74.484	87.351	102.723	121.100	143.079	169.374	200.841	238.499	283.56
28	32.129	37.051	42.931	49.968	58.403	68.528	80.698	95.339	112.968	134.210	159.817	190.699	227.950	272.889	327.10-
29	33.450	38.792	45.219	52.966	62.323	73.640	87.347	103.966	124.135	148.631	178.397	214.583	258.583	312.094	377.17
30	34.785	40.568	47.575	56.085	66.439	79.058	94.461	113.283	136.308	164.494	199.021	241.333	2		

附件（2） 複利現值表 （更新日期：2006年1月27日）

年期	1%	2%	3%	4%	5%	6%	7%	8%	9%	10%	11%	12%
1	0.990	0.980	0.971	0.962	0.952	0.943	0.935	0.926	0.917	0.909	0.901	0.893
2	0.980	0.961	0.943	0.925	0.907	0.890	0.873	0.857	0.842	0.826	0.812	0.797
3	0.971	0.942	0.915	0.889	0.864	0.840	0.816	0.794	0.772	0.751	0.731	0.712
4	0.961	0.924	0.888	0.855	0.823	0.792	0.763	0.735	0.708	0.683	0.659	0.636
5	0.951	0.906	0.863	0.822	0.784	0.747	0.713	0.681	0.650	0.621	0.593	0.567
6	0.942	0.888	0.837	0.790	0.746	0.705	0.666	0.630	0.596	0.564	0.535	0.507
7	0.933	0.871	0.813	0.760	0.711	0.665	0.623	0.583	0.547	0.513	0.482	0.452
8	0.923	0.853	0.789	0.731	0.677	0.627	0.582	0.540	0.502	0.467	0.434	0.404
9	0.914	0.837	0.766	0.703	0.645	0.592	0.544	0.500	0.460	0.424	0.391	0.361
10	0.905	0.820	0.744	0.676	0.614	0.558	0.508	0.463	0.422	0.386	0.352	0.322
11	0.896	0.804	0.722	0.650	0.585	0.527	0.475	0.429	0.388	0.350	0.317	0.287
12	0.887	0.788	0.701	0.625	0.557	0.497	0.444	0.397	0.356	0.319	0.286	0.257
13	0.879	0.773	0.681	0.601	0.530	0.469	0.415	0.368	0.326	0.290	0.258	0.229
14	0.870	0.758	0.661	0.577	0.505	0.442	0.388	0.340	0.299	0.263	0.232	0.205
15	0.861	0.743	0.642	0.555	0.481	0.417	0.362	0.315	0.275	0.239	0.209	0.183
16	0.853	0.728	0.623	0.534	0.458	0.394	0.339	0.292	0.252	0.218	0.188	0.163
17	0.844	0.714	0.605	0.513	0.436	0.371	0.317	0.270	0.231	0.198	0.170	0.146
18	0.836	0.700	0.587	0.494	0.416	0.350	0.296	0.250	0.212	0.180	0.153	0.130
19	0.828	0.686	0.570	0.475	0.396	0.331	0.277	0.232	0.194	0.164	0.138	0.116
20	0.820	0.673	0.554	0.456	0.377	0.312	0.258	0.215	0.178	0.149	0.124	0.104
21	0.811	0.660	0.538	0.439	0.359	0.294	0.242	0.199	0.164	0.135	0.112	0.093
22	0.803	0.647	0.522	0.422	0.342	0.278	0.226	0.184	0.150	0.123	0.101	0.083
23	0.795	0.634	0.507	0.406	0.326	0.262	0.211	0.170	0.138	0.112	0.091	0.074
24	0.788	0.622	0.492	0.390	0.310	0.247	0.197	0.158	0.126	0.102	0.082	0.066
25	0.780	0.610	0.478	0.375	0.295	0.233	0.184	0.146	0.116	0.092	0.074	0.059

年期	1%	2%	3%	4%	5%	6%	7%	8%	9%	10%	11%	12%
26	0.772	0.598	0.464	0.361	0.281	0.220	0.172	0.135	0.106	0.084	0.066	0.053
27	0.764	0.586	0.450	0.347	0.268	0.207	0.161	0.125	0.098	0.076	0.060	0.047
28	0.757	0.574	0.437	0.333	0.255	0.196	0.150	0.116	0.090	0.069	0.054	0.042
29	0.749	0.563	0.424	0.321	0.243	0.185	0.141	0.107	0.082	0.063	0.048	0.037
30	0.742	0.552	0.412	0.308	0.231	0.174	0.131	0.099	0.075	0.057	0.044	0.033
31	0.735	0.541	0.400	0.296	0.220	0.164	0.123	0.092	0.069	0.052	0.039	0.030
32	0.727	0.531	0.388	0.285	0.210	0.155	0.115	0.085	0.063	0.047	0.035	0.027
33	0.720	0.520	0.377	0.274	0.200	0.146	0.107	0.079	0.058	0.043	0.032	0.024
34	0.713	0.510	0.366	0.264	0.190	0.138	0.100	0.073	0.053	0.039	0.029	0.021
35	0.706	0.500	0.355	0.253	0.181	0.130	0.094	0.068	0.049	0.036	0.026	0.019
36	0.699	0.490	0.345	0.244	0.173	0.123	0.088	0.063	0.045	0.032	0.023	0.017
37	0.692	0.481	0.335	0.234	0.164	0.116	0.082	0.058	0.041	0.029	0.021	0.015
38	0.685	0.471	0.325	0.225	0.157	0.109	0.076	0.054	0.038	0.027	0.019	0.013
39	0.678	0.462	0.316	0.217	0.149	0.103	0.071	0.050	0.035	0.024	0.017	0.012
40	0.672	0.453	0.307	0.208	0.142	0.097	0.067	0.046	0.032	0.022	0.015	0.011
41	0.665	0.444	0.298	0.200	0.135	0.092	0.062	0.043	0.029	0.020	0.014	0.010
42	0.658	0.435	0.289	0.193	0.129	0.087	0.058	0.039	0.027	0.018	0.012	0.009
43	0.652	0.427	0.281	0.185	0.123	0.082	0.055	0.037	0.025	0.017	0.011	0.008
44	0.645	0.418	0.272	0.178	0.117	0.077	0.051	0.034	0.023	0.015	0.010	0.007
45	0.639	0.410	0.264	0.171	0.111	0.073	0.048	0.031	0.021	0.014	0.009	0.006
46	0.633	0.402	0.257	0.165	0.106	0.069	0.044	0.029	0.019	0.012	0.008	0.005
47	0.626	0.394	0.249	0.158	0.101	0.065	0.042	0.027	0.017	0.011	0.007	0.005
48	0.620	0.387	0.242	0.152	0.096	0.061	0.039	0.025	0.016	0.010	0.007	0.004
49	0.614	0.379	0.235	0.146	0.092	0.058	0.036	0.023	0.015	0.009	0.006	0.004
50	0.608	0.372	0.228	0.141	0.087	0.054	0.034	0.021	0.013	0.009	0.005	0.003

信託業務｜銀行內控｜
初階授信｜初階外匯｜
理財規劃｜保險人員推薦用書

暢銷上榜好書

2F021121	初階外匯人員專業測驗重點整理+模擬試題	蘇育群	510元
2F031111	債權委外催收人員專業能力測驗重點整理+模擬試題 👑 榮登金石堂暢銷榜	王文宏 邱雯瑄	470元
2F041101	外幣保單證照 7日速成	陳宣仲	430元
2F051131	無形資產評價管理師(初級、中級)能力鑑定速成(含無形資產評價概論、智慧財產概論及評價職業道德) 👑 榮登博客來、金石堂暢銷榜	陳善	550元
2F061131	證券商高級業務員(重點整理+試題演練)	蘇育群	670元
2F071121	證券商業務員(重點整理+試題演練) 👑 榮登金石堂暢銷榜	金永瑩	590元
2F081101	金融科技力知識檢定(重點整理+模擬試題)	李宗翰	390元
2F091121	風險管理基本能力測驗一次過關	金善英	470元
2F101131	理財規劃人員專業證照10日速成	楊昊軒	390元
2F111101	外匯交易專業能力測驗一次過關	蘇育群	390元

編號	書名	作者	價格
2F141121	防制洗錢與打擊資恐(重點整理+試題演練)	成琳	630元
2F151131	金融科技力知識檢定主題式題庫(含歷年試題解析) 👑 榮登博客來、金石堂暢銷榜	黃秋樺	470元
2F161121	防制洗錢與打擊資恐7日速成　👑 榮登金石堂暢銷榜	艾辰	550元
2F171131	14堂人身保險業務員資格測驗課 👑 榮登博客來、金石堂暢銷榜	陳宣仲 李元富	490元
2F181111	證券交易相關法規與實務	尹安	590元
2F191121	投資學與財務分析　👑 榮登金石堂暢銷榜	王志成	570元
2F201121	證券投資與財務分析	王志成	460元
2F211121	高齡金融規劃顧問師資格測驗一次過關 👑 榮登博客來暢銷榜	黃素慧	450元
2F621131	信託業務專業測驗考前猜題及歷屆試題 👑 榮登金石堂暢銷榜	龍田	590元
2F791131	圖解式金融市場常識與職業道德 👑 榮登博客來、金石堂暢銷榜	金融編輯小組	530元
2F811131	銀行內部控制與內部稽核測驗焦點速成+歷屆試題 👑 榮登金石堂暢銷榜	薛常湧	590元
2F851121	信託業務人員專業測驗一次過關	蔡季霖	670元
2F861121	衍生性金融商品銷售人員資格測驗一次過關 👑 榮登金石堂暢銷榜	可樂	470元
2F881121	理財規劃人員專業能力測驗一次過關 👑 榮登金石堂暢銷榜	可樂	600元
2F901131	初階授信人員專業能力測驗重點整理+歷年試題解析二合一過關寶典　👑 榮登金石堂暢銷榜	艾帕斯	590元
2F911131	投信投顧相關法規(含自律規範)重點統整+歷年試題解析二合一過關寶典	陳怡如	480元
2F951131	財產保險業務員資格測驗(重點整理+試題演練)	楊昊軒	530元
2F121121	投資型保險商品第一科7日速成	葉佳洺	590元
2F131121	投資型保險商品第二科7日速成	葉佳洺	570元
2F991081	企業內部控制基本能力測驗(重點統整+歷年試題) 👑 榮登金石堂暢銷榜	高瀅	450元

千華數位文化股份有限公司

■新北市中和區中山路三段136巷10弄17號　■千華公職資訊網 http://www.chienhua.com.tw
■TEL: 02-22289070　FAX: 02-22289076

國家圖書館出版品預行編目(CIP)資料

(金融證照)理財規劃人員專業證照 10 日速成/楊昊軒編著.
-- 第三版. -- 新北市 ：千華數位文化股份有限公司,
2024.05
　面 ；　公分
ISBN 978-626-380-458-6 (平裝)

1.CST: 投資　2.CST: 理財

563　　　　　　　　　　113006591

[金融證照] **理財規劃人員專業證照10日速成**

編 著 者：楊昊軒

發 行 人：廖雪鳳
登 記 證：行政院新聞局局版台業字第 3388 號
出 版 者：千華數位文化股份有限公司
　　　　　地址：新北市中和區中山路三段 136 巷 10 弄 17 號
　　　　　電話：(02)2228-9070　　傳真：(02)2228-9076
　　　　　客服信箱：chienhua@chienhua.com.tw

法律顧問：永然聯合法律事務所
編輯經理：甯開遠
主　　編：甯開遠
執行編輯：尤家瑋
校　　對：千華資深編輯群
設計主任：陳春花
編排設計：林蘭旭

千華官網
／購書

千華蝦皮

出版日期：2024 年 5 月 15 日　　第三版／第一刷

本書如有勘誤或其他補充資料，
將刊於千華官網，歡迎前往下載。